中华人民共和国行业推荐性标准

公路悬索桥设计规范

Specifications for Design of Highway Suspension Bridge

JTG/T D65-05—2015

主编单位：中交公路规划设计院有限公司
批准部门：中华人民共和国交通运输部
实施日期：2016 年 03 月 01 日

人民交通出版社股份有限公司

图书在版编目（CIP）数据

公路悬索桥设计规范：JTG/T D65-05—2015/中交公路规划设计院有限公司主编. —北京：人民交通出版社股份有限公司，2015.12

ISBN 978-7-114-12674-1

Ⅰ.①公… Ⅱ.①中… Ⅲ.①公路桥—悬索桥—设计规范—中国 Ⅳ.①U448.142.5-65

中国版本图书馆CIP数据核字（2015）第306848号

标准类型：	中华人民共和国行业推荐性标准
标准名称：	**公路悬索桥设计规范**
标准编号：	JTG/T D65-05—2015
主编单位：	中交公路规划设计院有限公司
责任编辑：	李 农　肖 鹏
出版发行：	人民交通出版社股份有限公司
地　　址：	（100011）北京市朝阳区安定门外外馆斜街3号
网　　址：	http://www.ccpress.com.cn
销售电话：	(010) 59757973
总 经 销：	人民交通出版社股份有限公司发行部
经　　销：	各地新华书店
印　　刷：	北京市密东印刷有限公司
开　　本：	880×1230　1/16
印　　张：	7.25
字　　数：	160千
版　　次：	2015年12月　第1版
印　　次：	2020年4月　第2次印刷
书　　号：	ISBN 978-7-114-12674-1
定　　价：	55.00元

（有印刷、装订质量问题的图书，由本公司负责调换）

中华人民共和国交通运输部

公 告

第 49 号

交通运输部关于发布
《公路悬索桥设计规范》的公告

现发布《公路悬索桥设计规范》（JTG/T D65-05—2015），作为公路工程行业推荐性标准，自 2016 年 3 月 1 日起施行。

《公路悬索桥设计规范》（JTG/T D65-05—2015）的管理权和解释权属于交通运输部，日常解释和管理工作由主编单位中交公路规划设计院有限公司负责。

请各有关单位在实践中注意总结经验，及时将发现的问题和修改意见函告中交公路规划设计院有限公司（地址：北京市德胜门外大街 83 号德胜国际中心 B 座 407 室，邮编，100088），以便修订时研用。

特此公告。

中华人民共和国交通运输部
2015 年 11 月 30 日

交通运输部办公厅　　　　　　　　　　　　　　　2015 年 12 月 14 日印发

前 言

根据交通运输部厅公路字〔2009〕190号《关于下达2009年度公路工程标准制修订项目计划的通知》的要求，由中交公路规划设计院有限公司作为主编单位承担《公路悬索桥设计规范》(JTG/T D65-05—2015)的编制工作。

在编制过程中，编写组充分吸纳了我国近十多年来公路悬索桥建设的实践经验；根据行业要求，体现了全寿命的设计理念；在结构设计方法上，采用了以分项系数表达的极限状态设计法；编制过程中参考、借鉴了国内外相关的标准规范；广泛征求了设计、施工、建设、养护、管理等有关单位和专家的意见，并经过反复讨论、修改后定稿。

本规范共分为17章和1个附录，分别是：1 总则；2 术语和符号；3 材料；4 作用与作用组合；5 总体设计；6 总体计算；7 索塔；8 锚碇；9 主缆；10 吊索；11 索夹；12 索鞍；13 加劲梁；14 约束体系、伸缩装置及桥面系；15 附属设施；16 结构耐久性设计；17 设计对施工、监控和运营监测的要求；附录A 常见钢箱梁正交异性板桥面顶板及其纵肋局部应力简化计算。

请各有关单位在执行过程中，将发现的问题和意见，函告本规范日常管理组，联系人：李文杰（地址：北京市德胜门外大街83号德胜国际中心B座407室，中交公路规划设计院有限公司，邮政编码：100088；传真：010-82017041；电子邮箱：sssohpdi@163.com），以便修订时研用。

主 编 单 位： 中交公路规划设计院有限公司
参 编 单 位： 同济大学
西南交通大学
中交公路长大桥建设国家工程研究中心有限公司
湖北省交通规划设计院
湖南省交通规划勘察设计院
主　　　编： 徐国平
主要参编人员： 郑明珠　刘　波　张　克　刘明虎　吴伟胜　蔡景旺
葛耀君　李建中　沈锐利　郑凯锋　刘　高　赵君黎
冯　苠　闫永伦　冯良平　张革军　黄李骥　詹建辉
胡建华　崔剑峰　丁望星　张　铭　李贞新　王　毅
李文杰

参与审查人员： 邰玉兰　侯金龙　鲍卫刚　李怀峰　任胜健　王克海
　　　　　　　　沈永林　缪玉玲　马　森　秦大航　陈艾荣　贺拴海
　　　　　　　　凤懋润　梁智涛　彭元诚　王福敏　茅兆祥　徐宏光
　　　　　　　　马　骉　韩振勇　廖海黎
参 加 人 员： 李　雪　张　杰

目　次

1　总则 ··· 1
2　术语和符号 ··· 3
　2.1　术语 ·· 3
　2.2　符号 ·· 5
3　材料 ··· 9
　3.1　混凝土、钢筋及预应力筋 ··· 9
　3.2　高强度钢丝及钢丝绳 ··· 9
　3.3　结构用钢材 ·· 11
　3.4　焊接材料 ·· 13
　3.5　锚头铸体材料 ·· 14
4　作用与作用组合 ·· 15
5　总体设计 ··· 18
　5.1　一般规定 ·· 18
　5.2　结构体系与基本结构形式 ··· 19
　5.3　抗风设计 ·· 21
　5.4　抗震设计 ·· 22
　5.5　景观设计 ·· 24
6　总体计算 ··· 26
　6.1　一般规定 ·· 26
　6.2　静力计算 ·· 26
　6.3　抗风计算 ·· 27
　6.4　抗震计算 ·· 29
7　索塔 ··· 34
　7.1　一般规定 ·· 34
　7.2　结构形式 ·· 36
　7.3　构造要求 ·· 37
　7.4　结构计算 ·· 39
8　锚碇 ··· 40
　8.1　一般规定 ·· 40
　8.2　结构形式 ·· 40
　8.3　构造要求 ·· 44

8.4	结构计算	46
9	**主缆**	**50**
9.1	一般规定	50
9.2	结构形式	51
9.3	构造要求	52
9.4	结构计算	52
10	**吊索**	**55**
10.1	一般规定	55
10.2	结构形式	55
10.3	构造要求	56
10.4	结构计算	58
11	**索夹**	**60**
11.1	一般规定	60
11.2	结构形式	60
11.3	构造要求	61
11.4	结构计算	64
12	**索鞍**	**66**
12.1	一般规定	66
12.2	结构形式	66
12.3	构造要求	69
12.4	结构计算	70
13	**加劲梁**	**75**
13.1	一般规定	75
13.2	结构形式	77
13.3	构造要求	79
13.4	结构计算及模型试验	83
14	**约束体系、伸缩装置及桥面系**	**87**
14.1	一般规定	87
14.2	竖向、横向约束体系	87
14.3	纵向约束体系	88
14.4	伸缩装置	88
14.5	桥面防撞护栏	89
14.6	桥面铺装与桥面排水	89
15	**附属设施**	**90**
15.1	一般规定	90
15.2	索塔附属设施	90
15.3	锚碇附属设施	90

15.4	缆索系统附属设施	91
15.5	加劲梁附属设施	91

16 结构耐久性设计 ····· 92
16.1 一般规定 ····· 92
16.2 钢结构耐久性设计 ····· 93
16.3 缆索结构耐久性设计 ····· 93
16.4 主缆锚固系统耐久性设计 ····· 94
16.5 索鞍耐久性设计 ····· 95
16.6 附属设施耐久性设计 ····· 95

17 设计对施工、监控和运营监测的要求 ····· 96
17.1 一般规定 ····· 96
17.2 施工及施工监控 ····· 96
17.3 运营期结构监测与养护要求 ····· 98

附录 A 常见钢箱梁正交异性板桥面顶板及其纵肋局部应力简化计算 ····· 99

本规范用词用语说明 ····· 103

1 总则

1.0.1 为规范和指导公路悬索桥的设计，按照安全、耐久、适用、环保、经济和美观的原则，制定本规范。

1.0.2 本规范适用于新建和改建各级公路跨径在2 000m以下的地锚式悬索桥设计。

条文说明

本规范是在吸收国内外悬索桥建设经验的基础上编制的。1998年建成的日本明石海峡大桥为主跨1 991m的钢桁架悬索桥；2009年建成的我国舟山连岛工程西堠门大桥为主跨1 650m的钢箱梁悬索桥；规划建设的意大利墨西拿海峡大桥主跨3 300m，目前已完成初步设计。浙江省地方标准《特大跨径钢箱梁悬索桥设计指南》（DB33/T 856—2012）适用于跨径1 500~2 000m的双塔钢箱梁悬索桥。综合考虑各方面的技术成熟性，确定本规范适用范围为跨径在2 000m以下的地锚式公路悬索桥。

1.0.3 本规范采用以分项系数表达的极限状态设计方法。

1.0.4 公路悬索桥设计使用年限应为100年。

条文说明

《公路工程技术标准》（JTG B01—2014）规定，特大桥、大桥、高速公路和一级公路上的中桥的设计使用年限为100年。根据桥涵结构分类及公路悬索桥建设的实际情况，公路悬索桥均为特大桥，其设计使用年限为100年。

1.0.5 公路悬索桥应采用全寿命设计理念。

条文说明

桥梁全寿命设计是针对规划、设计、施工、运营、管养、拆除或回收再利用的全过程实现桥梁总体性能最优的设计，包括结构设计、满足"可达、可检、可修"要求的附属设施设计，也包括环境保护设计、耐久性设计、景观设计、风险评估等专项设计，另外还包括设计中需考虑的节能减排，设计对施工及监控、运营期安全监测等的要求。

1.0.6 公路悬索桥设计应积极稳妥地应用新技术、新材料和新工艺。

1.0.7 公路悬索桥设计除应符合本规范的规定外，尚应符合国家和行业现行有关标准的规定。

2 术语和符号

2.1 术语

2.1.1 悬索桥 suspension bridge
以通过索塔悬挂并锚固于大地或其他结构的缆索或钢链作为桥跨上部结构主要承重构件的桥梁。

2.1.2 地锚式悬索桥 ground anchored suspension bridge
主缆索股锚固于重力式锚碇、隧道锚碇或直接锚于坚固岩体上的悬索桥。

2.1.3 索塔 cable tower
用以支承主缆并将荷载作用通过基础传递给地基的结构。

2.1.4 锚碇 anchor block
锚固主缆索股，承受主缆拉力，支承于地基上或嵌固于岩体中的结构。

2.1.5 锚固系统 anchorage system
将主缆的索股与锚碇或岩体连接的结构。

2.1.6 锚跨 anchor span
位于散索鞍（散索套）和锚固系统之间的主缆结构部分。

2.1.7 加劲梁 stiffening girder
直接承受汽车、人群荷载并传递给吊索、索塔、桥墩的梁体结构。

2.1.8 主缆 main cable
悬挂于索塔顶，两端锚固于锚碇的由平行钢丝或钢丝绳组成的悬索桥主要承重构件。

2.1.9 索股 cable strand
由多根高强度钢丝或钢丝绳组成的丝股，是主缆的主要组成部分。

2.1.10 吊索 hanger
连接主缆与加劲梁的构件。

2.1.11 锚头 socket
用于索股两端与锚固系统连接的构件或用于吊索两端与加劲梁及主缆索夹连接的构件。

2.1.12 索夹 cable clamp
紧箍主缆并连接主缆与吊索的构件。

2.1.13 索鞍 saddle
支承主缆并使主缆平顺地改变方向的构件。安装在索塔顶部的称为主索鞍，安装在边跨和锚跨之间的称为散索鞍。

2.1.14 散索套 cable splay collars
当主缆由边跨进入锚跨，其中心线不产生转角时，用来控制预制索股扩散方向的铸钢（锻钢）构件。

2.1.15 锚塞体 anchor stopper
锚固主缆索股，承受主缆拉力，嵌固于岩体中的混凝土塞形结构，为隧道式锚碇的主要受力构件。

2.1.16 缆索系统 cable system
由主缆、索夹、吊索、主索鞍、散索鞍及防护系统等构件组成，为悬索桥桥面提供直接支撑的结构。

2.1.17 预制平行索股法 prefabricated parallel wire strands method（PPWS法）
将工厂化预制的平行高强度钢丝组成的索股运至工地安装的施工方法。

2.1.18 空中纺线法 air spinning method（AS法）
利用牵引机械往复拽拉高强度钢丝，在现场制作平行钢丝索股的施工方法。

2.1.19 锚靴 strand shoe
空中纺线法施工的悬索桥中用以连接主缆索股与锚固系统的构件。

2.1.20 猫道 catway
供悬索桥缆索系统施工作业的通道。

2.2 符号

2.2.1 几何参数有关符号

A——接触面积；

b——鞍座槽路宽度；

d_c——主缆在索夹处的设计直径、索夹内孔的设计直径；

d_{cb}——索夹螺杆的有效直径；

d_d——主缆的设计直径；

d_h——钢丝绳吊索公称直径；

d_{sr}——滚轴式散索鞍的滚轴直径；

d_w——主缆钢丝直径；

H——鞍槽内中央列索股总高度；

h——骑跨式索夹承索槽槽深；

l_c——索夹长度；

l_e——散索鞍摆轴、滚轴的有效接触长度；

l_k——索夹螺杆握距；

l_{sa}——鞍槽拉杆中心处鞍槽侧壁的弧长；

l_{sae}——钢丝在锚杯内的锚固长度；

l_{sc}——锚杯内铸体材料的有效长度；

r_c——骑跨式索夹承索槽内圆弧半径；

r_e——销接式索夹吊耳板与索夹壁间的过渡圆弧半径；

r_h——散索鞍承缆槽侧壁的平面圆弧半径；

r_{hb}——钢丝绳吊索在索夹上的弯曲半径；

r_{hd}——索夹承索槽底部弯曲半径；

r_{sb}——摆轴式散索鞍的摆轴断面圆弧半径；

r_v——鞍座承缆槽底部立面圆弧半径；

t_c——索夹壁厚；

t_{sm}——铸体材料有效长度内锚杯的平均壁厚；

α_c——骑跨式索夹承索槽在索夹上的包角；

α_s——主缆在鞍槽上的包角；

β_c——骑跨式索夹承索槽张开角；

β_s——索股锚头的锚杯内锥面母线与轴线的夹角；

Δ_{tc}——骑跨式索夹承索槽下的壁厚增厚；

Δ_{wr}——主缆钢丝直径的允许正偏差；

δ——骑跨式索夹承索槽槽壁根部厚度；

θ——钢桁架梁腹杆与弦杆的夹角；

θ_{sa} ——散索鞍处计算缆力对应的主缆锚跨切线角；

θ_{ss} ——散索鞍处计算缆力对应的主缆边跨切线角；

θ_{tm} ——设计恒载的中跨缆力对应的主缆中跨切线角；

θ_{ts} ——设计恒载的边跨缆力对应的主缆边跨切线角；

φ ——索夹在主缆上的安装倾角；

φ_{sc} ——索股锚头的锚杯内铸体上压力线与锚杯内锥面母线的夹角。

2.2.2 材料性能有关符号

C' ——接触面（或结合面）的抗剪断黏聚力；

E ——钢材的弹性模量；

f_{cd} ——钢材的端面承压强度设计值；

f_d ——钢材的抗拉、抗压和抗弯强度设计值；

f_{dd} ——高强度钢丝抗拉强度设计值；

f'_{dd} ——钢丝绳最小破断拉力设计值；

f'_d ——索夹材料强度设计值；

f_k ——高强度钢丝的抗拉强度标准值；

f'_k ——钢丝绳最小破断力；

f_{rd1} ——钢铰轴径向抗压强度设计值；

f_{rd2} ——钢辊轴或摇轴径向抗压强度设计值；

f_{sd} ——铸（锻）钢销孔承压强度设计值；

f_y ——钢材的屈服强度；

f_{vd} ——钢材的抗剪强度设计值；

f_{td}^a ——锚栓的抗拉强度设计值；

f_{fd}^w ——角焊缝的抗拉、抗剪和抗压强度设计值；

f_{td}^b、f_{vd}^b、f_{cd}^b ——螺栓的抗拉、抗剪和承压强度设计值；

f_{td}^w、f_{vd}^w、f_{cd}^w ——对接焊缝的抗拉、抗剪和抗压强度设计值；

f_{xd} ——大修状况下高强度钢丝抗拉强度设计值；

f'_{xd} ——大修状况下钢丝绳最小破断拉力设计值；

f_{sgd} ——施工过程中高强度钢丝抗拉强度设计值；

f'_{sgd} ——施工过程中钢丝绳最小破断拉力设计值；

G ——钢材的剪切模量；

$[f_a]$ ——地基承载力容许值；

α ——线膨胀系数；

λ ——单根钢丝与合金在单位面积上的附着强度；

v ——泊松比；

ρ ——密度；

σ_b ——钢丝公称抗拉强度；

σ_{ycb}——螺杆材料的屈服强度；

σ_{jd}——材料接触应力设计值；

$[\tau]$——岩体容许抗剪强度。

2.2.3 作用有关符号

F_c——单根主缆的拉力设计值；

F_{cl}——主缆松边拉力；

F_{ct}——主缆紧边拉力；

F_{cm}——按永久作用标准值计算的中跨缆力；

F_{cs}——按永久作用标准值计算的边跨缆力；

F_{fc}——索夹抗滑摩阻力；

f_H——主索鞍鞍槽的总侧向力；

f_{HS}——散索鞍鞍槽的总侧向力；

$f_h(h)$——最高索股顶至计算高度 h 处的侧向压力；

F_t——锚杯环向拉力设计值；

F_{sp}——主索鞍顶推力；

f_{sr}——索股的向心压力；

f_v——中央列索股单位体积竖向力；

G_s——主索鞍重力；

N_c——主缆上索夹的下滑力；

N_d——轴向拉力设计值；

N_h——吊索拉力；

N_s——索股拉力组合设计值；

N_{sb}——单根拉杆力；

n_{tra}——沿单位弧长的鞍槽拉杆拉力；

P——主缆拉力设计值；

P_b——索夹上单根螺杆安装夹紧力；

P_d——高强度螺栓的预拉力设计值；

P_b^c——索夹上单根螺杆设计夹紧力；

P_{max}——锚碇最大应力值；

P_{tot}——索夹上螺杆总的设计夹紧力；

W_F——结构自重垂直于滑动面的分量；

W_L——结构自重沿拉拔方向的分量；

σ_d——锚固系统的拉杆和锚固预应力钢材应力设计值；

σ_j——接触应力；

σ_t——锚杯的环向应力设计值。

2.2.4 计算系数及其他有关符号

C_e——液化抵抗系数；
f'——接触面抗剪断摩擦系数；
K——安全系数；
K_{fc}——索夹抗滑系数；
k——紧固压力分布不均匀系数；
V——主缆的设计空隙率；
V_c——主缆在索夹内的设计空隙率；
V_s——主缆在鞍槽内的设计空隙率；
γ_{kh}——抗滑稳定系数；
γ_R——材料强度分项系数；
γ'_R——抗力系数；
γ_{sg}——施工过程中吊索材料强度分项系数；
γ_x——大修状况下吊索材料强度分项系数；
γ_0——结构重要性系数；
μ——摩擦系数；
ξ——阻尼比；
ρ_T——周期比。

2.2.5 数量有关符号

N_{cr}——标准贯入锤击数临界值；
N_1——实际标准贯入锤击数临界值；
n——各列索股股数；
n_s——单根主缆中索股总股数；
n_{sc}——鞍槽内中央列索股股数；
n_{sb}——鞍槽拉杆根数；
n_{ws}——每根索股的钢丝根数；
n_{wt}——鞍座槽路内单排钢丝数量；
n_{cb}——索夹上安装的螺杆总根数；
n_{sr}——滚轴式散索鞍的滚轴根数；
n_{tot}——单根主缆中钢丝总根数。

3 材料

3.1 混凝土、钢筋及预应力筋

3.1.1 用于悬索桥各构件的混凝土，其强度等级、标准值、设计值，弹性模量，剪切模量应按现行《公路钢筋混凝土及预应力混凝土桥涵设计规范》（JTG D62）的规定取用。

3.1.2 索塔塔身的混凝土强度等级不宜低于C40。

3.1.3 锚碇混凝土强度等级的确定应考虑大体积混凝土施工温控的需求，不应低于C25，且宜在C25～C40之间。重力式锚碇中为增加质量的填充材料，可选用低等级的混凝土或其他替代材料。散索鞍基座、预应力锚下混凝土等局部应力较高的区域混凝土强度等级不宜低于C40。

条文说明

根据《大体积混凝土施工规范》（GB 50496—2009）的有关规定，大体积混凝土强度等级宜在C25～C40之间。

3.1.4 钢筋混凝土及预应力混凝土构件所采用的普通钢筋与预应力钢筋类别、标准强度、设计强度和弹性模量，应按现行《公路钢筋混凝土及预应力混凝土桥涵设计规范》（JTG D62）的规定取用。

3.2 高强度钢丝及钢丝绳

3.2.1 主缆索股、吊索所用高强度钢丝及钢丝绳宜采用热镀锌线材。

条文说明

主缆、吊索用的高强度钢丝及钢丝绳在大气中极易锈蚀，对线材进行热镀锌，作为主缆、吊索的第一道防护是保证其耐久性的关键。随着材料科学的不断进步，新的防腐措施和新材料也将不断涌现，本条推荐采用热镀锌，也不排斥选用其他可靠的防腐方式。

3.2.2 镀锌高强度钢丝的技术条件不应低于现行《桥梁缆索用热镀锌钢丝》（GB/T 17101）的规定。

3.2.3 镀锌钢丝绳的技术条件不应低于现行《重要用途钢丝绳》（GB 8918）、《一般用途钢丝绳》（GB/T 20118）、《粗直径钢丝绳》（GB/T 20067）和《密封钢丝绳》（GB/T 352）的规定。

3.2.4 镀锌高强度钢丝主缆的弹性模量设计取值宜为 $1.90 \times 10^5 \sim 2.10 \times 10^5 \text{MPa}$。

3.2.5 镀锌高强度钢丝吊索的弹性模量设计取值宜为 $1.95 \times 10^5 \sim 2.05 \times 10^5 \text{MPa}$，镀锌钢丝绳吊索的弹性模量设计取值不宜小于 $1.10 \times 10^5 \text{MPa}$。

3.2.6 镀锌高强度钢丝的抗拉强度设计值 f_{dd} 应按其抗拉强度标准值 f_k 除以钢丝抗拉强度分项系数 γ_R 确定。钢丝抗拉强度分项系数 γ_R 应按表3.2.6的规定采用。

表3.2.6 镀锌高强度钢丝抗拉强度分项系数 γ_R

抗拉强度标准值 f_k（MPa）	构件种类	
	主缆	销接式吊索
1 670	1.85	2.20
1 770		

注：表列钢丝抗拉强度标准值系为Ⅱ级松弛钢丝的数值；当采用Ⅰ级松弛钢丝时，分项系数 γ_R 乘以折减系数0.9。

3.2.7 钢丝绳应按其最小破断力除以钢丝绳抗拉强度分项系数 γ_R 求得最小破断拉力设计值 f'_{dd}。最小破断力应根据现行《粗直径钢丝绳》（GB/T 20067）钢芯钢丝绳取值。钢丝绳抗拉强度分项系数 γ_R 应按表3.2.7的规定采用。

表3.2.7 钢丝绳抗拉强度分项系数 γ_R

构件种类	骑跨式吊索	销接式吊索
抗拉强度分项系数 γ_R	2.95	2.20

条文说明

3.2.6~3.2.7 本规范主缆的材料强度分项系数与《公路钢结构桥梁设计规范》（JTG D64—2015）保持一致。

当高强度钢丝、钢丝绳用作吊索时，由于吊索存在一定的疲劳及弯折问题，吊索的安全系数高于主缆，因而吊索的材料强度分项系数高于主缆。

3.3 结构用钢材

3.3.1 钢索塔、钢加劲梁宜采用牌号 Q345、Q390 的钢材或其他适用于桥梁结构的碳素结构钢和低合金结构钢。其技术条件不应低于现行《碳素结构钢》（GB/T 700）、《低合金高强度结构钢》（GB/T 1591）的规定。

3.3.2 索鞍宜采用 ZG275-485H、ZG270-500、ZG310-570 等铸钢，索套、索夹本体材料宜采用 ZG20Mn、ZG35SiMnMo 等铸钢，其技术条件不应低于现行《一般工程用铸造碳钢件》（GB/T 11352）、《焊接结构用铸钢件》（GB/T 7659）、《一般工程与结构用低合金铸钢件》（GB/T 14408）、《大型低合金钢铸件》（JB/T 6402）的规定。

3.3.3 索鞍、索夹、锚固系统的拉杆宜采用 40CrNiMoA、40Cr、35CrMo 等合金结构钢，其技术条件不应低于现行《合金结构钢》（GB/T 3077）的规定。

3.3.4 锚头锚杯宜采用 ZG20Mn、ZG270-500、ZG310-570 等铸钢，盖板宜采用 Q235 或 20 号钢，销接式锚头耳板及销轴宜采用 45 号钢或 35CrMo 等优质钢材制造，其技术条件不应低于现行《一般工程用铸造碳钢件》（GB/T 11352）、《优质碳素结构钢》（GB/T 699）、《合金结构钢》（GB/T 3077）的规定。

3.3.5 高强度螺栓连接副的技术条件不应低于现行《钢结构用高强度大六角头螺栓》（GB/T 1228）、《钢结构用高强度大六角头螺母》（GB/T 1229）、《钢结构用高强度垫圈》（GB/T 1230）、《钢结构用高强度大六角头螺栓、大六角螺母、垫圈技术条件》（GB/T 1231）的规定。

3.3.6 普通螺栓技术条件不应低于现行《六角头螺栓 C级》（GB/T 5780）和《六角头螺栓》（GB/T 5782）的规定。

3.3.7 铸焊构件采用的结构用钢板技术条件不应低于现行《优质碳素结构钢热轧厚钢板和钢带》（GB/T 711）、《碳素结构钢和低合金钢热轧厚钢板和钢带》（GB/T 3274）的规定。

3.3.8 钢材的强度设计值应根据钢材的不同厚度按表3.3.8的规定采用。

3.3.9 铸钢和锻钢的强度设计值应按表3.3.9的规定采用。

表 3.3.8 钢材的强度设计值（MPa）

钢材		抗拉、抗压和抗弯 f_d	抗剪 f_{vd}	端面承压（刨平顶紧） f_{cd}
牌号	厚度（mm）			
Q235 钢	≤16	190	110	280
	16~40	180	105	
	40~100	170	100	
Q345 钢	≤16	275	160	355
	16~40	270	155	
	40~63	260	150	
	63~80	250	145	
	80~100	245	140	
Q390 钢	≤16	310	180	370
	16~40	295	170	
	40~63	280	160	
	63~100	265	150	
Q420 钢	≤16	335	195	390
	16~40	320	185	
	40~63	305	175	
	63~100	290	165	

注：表中厚度指计算点的钢材厚度，对轴心受拉和轴心受压构件指截面中较厚板件的厚度。

表 3.3.9 铸钢和锻钢的强度设计值（MPa）

强度种类	钢 号					
	ZG230-450 ZG230-450H	ZG270-500 ZG270-480H	ZG300-500H	ZG310-570	35 号钢	45 号钢
抗拉、抗压和抗弯 f_d	170	200	220	225	250	280
抗剪 f_{vd}	100	115	125	130	145	160
铰轴紧密接触时径向受压 f_{rd1}	85	100	110	110	125	140
辊轴或摇轴自由接触时径向受压 f_{rd2}	6.5	8.0	9.0	9.0	10.0	11.0
销孔承压 f_{sd}	—	—	—	—	190	210

注：1. 铰轴紧密接触系指接触面为圆弧，中心角为 2×45° 的接触；辊轴或摇轴自由接触系指轴与板平面的接触。
2. 计算紧密接触或自由接触受压强度时，其承压面积采用轴径截面。轴与板采用不同钢种时，径向受压设计值取用其较低者。

3.3.10 钢材和铸钢的物理性能指标应按表3.3.10的规定采用。

表3.3.10 钢材和铸钢的物理性能指标

弹性模量 E (MPa)	剪切模量 G (MPa)	线膨胀系数 α (1/℃)	泊松比 ν	密度 ρ (kg/m³)
2.06×10^5	0.79×10^5	12×10^{-6}	0.31	7 850

3.3.11 普通螺栓和锚栓连接的强度设计值应按表3.3.11的规定采用。

表3.3.11 普通螺栓和锚栓连接的强度设计值（MPa）

螺栓的性能等级、锚栓和构件钢材的牌号		普通螺栓						锚栓
		C级			A、B级			
		抗拉 f_{td}^b	抗剪 f_{vd}^b	承压 f_{cd}^b	抗拉 f_{td}^b	抗剪 f_{vd}^b	承压 f_{cd}^b	抗拉 f_{td}^b
普通螺栓	4.6级、4.8级	145	120	—	—	—	—	—
	5.6级	—	—	—	185	165	—	—
	8.8级	—	—	—	350	280	—	—
锚栓	Q235钢	—	—	—	—	—	—	125
	Q345钢	—	—	—	—	—	—	160
构件	Q235钢	—	—	265	—	—	350	—
	Q345钢	—	—	340	—	—	450	—
	Q390钢	—	—	355	—	—	470	—
	Q420钢	—	—	380	—	—	500	—

注：A、B级螺栓孔的精度和孔壁表面粗糙度，C级螺栓孔的允许偏差和孔壁表面粗糙度，均应符合现行《钢结构工程施工质量验收规范》（GB 50205）的要求。

3.3.12 高强度螺栓预拉力设计值 P_d 应按表3.3.12的规定取用。

表3.3.12 高强度螺栓的预拉力设计值（kN）

性能等级	螺纹规格				
	M20	M22	M24	M27	M30
8.8S	125	150	175	230	280
10.9S	155	190	225	290	355

3.4 焊接材料

3.4.1 焊接材料应与主体钢材相匹配，并应符合下列规定：

1 手工焊接采用的焊条的技术条件不应低于现行《碳钢焊条》（GB/T 5117）或《低合金钢焊条》（GB/T 5118）的规定。对于需要进行疲劳验算的构件宜采用低氢型碱性焊条。

2 自动焊和半自动焊采用的焊丝和焊剂的技术条件不应低于现行《熔化焊用钢丝》（GB/T 14957）、《气体保护电弧焊用碳钢、低合金钢焊丝》（GB/T 8110）、《碳钢药芯焊丝》（GB/T 10045）、《低合金钢药芯焊丝》（GB/T 17493）、《埋弧焊用碳钢焊丝和焊剂》（GB/T 5293）和《埋弧焊用低合金钢焊丝和焊剂》（GB/T 12470）的规定。

3.4.2 焊缝的强度设计值应按表3.4.2的规定采用。

表3.4.2 焊缝的强度设计值（MPa）

焊接方法和焊条型号	构件钢材		对接焊缝				角焊缝
	牌号	厚度（mm）	抗压 f_{cd}^w	抗拉 f_{td}^w		抗剪 f_{vd}^w	抗拉、抗压或抗剪 f_{fd}^w
				焊缝质量等级			
				一级、二级	三级		
自动焊、半自动焊和E43型焊条的手工焊	Q235钢	≤16	190	190	160	110	140
		16～40	180	180	155	105	
		40～100	170	170	145	100	
自动焊、半自动焊和E50型焊条的手工焊	Q345钢	≤16	275	275	235	160	175
		16～40	270	270	230	155	
		40～63	260	260	220	150	
		63～80	250	250	215	145	
		80～100	245	245	210	140	
自动焊、半自动焊和E55型焊条的手工焊	Q390钢	≤16	310	310	265	180	200
		16～40	295	295	250	170	
		40～63	280	280	240	160	
		63～100	265	265	225	150	
	Q420钢	≤16	335	335	285	195	200
		16～40	320	320	270	185	
		40～63	305	305	260	175	
		63～100	290	290	245	165	

注：1. 对接焊缝受弯时，在受压区的抗弯强度设计值取 f_{cd}^w，在受拉区的抗弯强度设计值取 f_{td}^w。
2. 焊缝质量等级应按现行《钢结构工程施工质量验收规范》（GB 50205）的规定确定。其中厚度小于8mm钢材的对接焊缝，不应采用超声波探伤确定焊缝质量等级。

3.5 锚头铸体材料

3.5.1 热铸锚头铸体材料应选用低熔点锌铜合金。其中，锌含量为（98±0.2）%，技术条件不应低于现行《锌锭》（GB/T 470）的规定；铜含量为（2±0.2）%，技术条件不应低于现行《阴极铜》（GB/T 467）的规定。

3.5.2 冷铸锚头铸体材料配比应由试验确定。

4 作用与作用组合

4.0.1 公路悬索桥设计中结构重要性系数、永久作用、汽车荷载、疲劳荷载等及其组合应符合现行《公路桥涵设计通用规范》(JTG D60)的规定。

4.0.2 桥面两侧设置的检修道，人群荷载可取 $1.5kN/m^2$。

条文说明

《公路桥涵设计通用规范》(JTG D60—2015) 对于桥面两侧设置检修道的情况，人群荷载集度未作具体规定，本规范参考国外有关标准并结合国内已设置检修道的具体情况推荐选用此人群荷载集度标准。

4.0.3 悬索桥各构件上的风荷载应按本规范第 5.3 节、第 6.3 节和现行有关规范的规定，并应考虑以下三种不同的情况分别计算：

1 桥面设置风障结构时，风荷载与汽车荷载组合，应按风障内桥面高度风速 25m/s 时的对应风速计算，并应考虑风障对桥梁气动性能的影响。

2 桥面不设风障结构时，风荷载与汽车荷载组合，应按桥面高度风速 25m/s 计算；当实际桥面高度设计风速小于 25m/s 时，应按实桥处风速高度梯度计算风荷载。

3 当风荷载不与汽车荷载组合时，应按实桥处风速高度梯度计算风荷载。

条文说明

1 风障内桥面风速达到 25 m/s 时，实际作用到桥梁结构上的风速大于 25 m/s，需按此时实际的桥面高度风速计算。同时，风障对桥梁的气动性能有影响，带来了非常大的气动阻力荷载，需加以考虑。

4.0.4 温度作用应符合下列规定：

1 应同时考虑均匀温度作用和梯度温度作用引起的结构效应。

2 计算均匀温度作用时，应自结构合龙时的温度起算。钢结构可按当地极端最高和最低气温确定；混凝土结构可按当地日平均最高和最低气温确定。无实测数据资料时，可按现行《公路桥涵设计通用规范》(JTG D60) 的规定执行。

3 加劲梁梯度温度作用应按现行《公路桥涵设计通用规范》(JTG D60) 的规定

执行。无实测数据资料时,混凝土索塔两侧的梯度温差可取±5℃。

4 四车道以上宽幅无悬臂加劲梁,宜考虑横桥向梯度温度作用的影响。

条文说明

4 本款规定参考了中交公路规划设计院有限公司、湖北鄂东长江公路大桥有限公司等单位的"超大跨混合梁斜拉桥建设关键技术"项目的研究成果。对于宽幅无悬臂加劲梁,宜考虑横桥向梯度温度引起的效应。横桥向梯度温度作用根据桥梁的地理位置、环境条件等因素经调查研究确定。图4-1为该项目研究得出的横桥向梯度温度曲线。图中B_1为边箱宽度、B为箱梁半宽。横桥向梯度温度取值见表4-1。

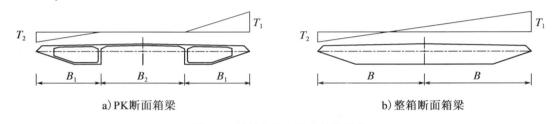

a) PK断面箱梁 　　　　b) 整箱断面箱梁

图4-1 横桥向梯度温度计算模式

表4-1 横桥向梯度温度取值

结 构 类 型	T_1（℃）	T_2（℃）
混凝土箱梁	4.0	-2.75
钢箱梁	3.0	-1.5

4.0.5 悬索桥应采用E1和E2两水准地震作用进行抗震设防,E1地震作用宜采用100年超越概率10%的地震动,E2地震作用宜采用100年超越概率4%的地震动。E1和E2地震作用采用设计加速度反应谱和设计地震动加速度时程表征,应根据专门的工程场地地震安全性评价确定桥址E1和E2地震作用。工程场地地震安全性评价应符合下列规定:

1 E1和E2地震作用应考虑长周期效应,给出的设计加速度反应谱和设计地震加速度时程的周期范围应包含悬索桥结构的基本周期。

2 桥址存在地质不连续或地形特征可能造成各桥墩的地震动参数显著不同,以及锚碇间距离超过1500m时,应考虑地震动参数的空间变化。

3 桥址距有发生6.5级以上地震潜在危险的地震活断层30km以内时,近断裂效应应包括上盘效应、破裂的方向性效应,以保证设计加速度反应谱长周期段的可靠性。

条文说明

悬索桥一般造价较高,一旦发生破坏,修复困难,因此悬索桥的设防水准重现期定得较高。过去我国在大跨度桥梁抗震设计时,E1地震作用一般取为100年超越概率10%,E2地震作用取100年超越概率4%。

结构的动力反应与结构的自振周期和地震时程输入的频谱成分关系非常密切，悬索桥大多是柔性结构，第一阶振型的周期往往较长。因此悬索桥的地震反应中，第一阶振型的贡献非常重要，提供的地震加速度时程或反应谱曲线的频谱含量需包括第一阶自振周期在内的长周期成分。

4.0.6 悬索桥抗震设计应考虑下列作用：
1 永久作用，包括结构重力（恒载）、预应力、土压力等。
2 地震作用，包括地震动的作用和地震土压力、水压力等。
3 均匀降温作用。在进行支座和索塔、加劲梁间连接构件抗震验算时，应计入50%均匀降温作用。

条文说明
3 本款参考了日本和欧洲桥梁抗震规范。考虑到同时发生最大均匀温度作用效应和地震位移的概率较小，因此只考虑50%均匀降温作用效应。

4.0.7 需要考虑船舶撞击作用时，撞击作用的设计值宜经专题论证确定。

4.0.8 进行施工期计算时，应计入施工中可能出现的施工荷载，包括架设机具和材料、施工人员、桥面堆载、临时配重以及施工期间风荷载等。

5 总体设计

5.1 一般规定

5.1.1 总体设计时，应根据使用功能、建设条件、景观等要求，对桥位、桥跨、结构体系、索塔、锚碇、主缆、吊索、加劲梁及桥面系等进行综合设计。

条文说明

建设条件一般包括地形、地质、地震、气象、水文、通航、防洪等。总体设计是指在充分考虑建设条件的基础上，使悬索桥综合性能最优。

5.1.2 桥位宜选择在风况条件较好的区域，并宜避开抗震不利区域，不应选在抗震危险区域。

条文说明

风况条件较好的区域指设计基准风速低、风向单一、风攻角小、地表粗糙度小等地段。

抗震不利区域指软弱黏性土层、液化土层和地层严重不均匀的地段；地形陡峭、孤突，岩土松散、破碎的地段。

抗震危险区域指地震时可能发生滑坡、崩塌地段，溶洞、采空矿穴等地段。

5.1.3 主桥范围内平面线形应为直线，纵断面线形宜设置凸形竖曲线。

5.1.4 悬索桥宜采用对称的结构形式。

条文说明

对称的结构形式有利于结构受力和提高抗风性能，使地震响应均匀分配，减小地震响应。

5.1.5 总体设计必须考虑抗风、抗震的要求，并应根据需要进行必要的专题研究。

5.1.6 跨越通航水域的悬索桥，总体设计应考虑防、抗船撞的要求。索塔位置的选择应满足避免大型船舶撞击的要求，难以避免时，应进行结构抗撞设计和防撞设施设计。

5.1.7 除上述要求外，悬索桥总体设计尚应满足下列要求：
1 方案比选应考虑全寿命周期成本。
2 应考虑满足设计使用年限的耐久性要求。
3 应考虑环境保护与节能减排的要求。
4 应满足协调、美观的要求。
5 应考虑施工与运营期养护的要求。
6 应考虑施工与运营期内可能出现的风险因素。

5.2 结构体系与基本结构形式

5.2.1 悬索桥可由锚碇、索塔、缆索系统、加劲梁及附属结构五大部分组成，缆索系统应包括主缆、索夹、吊索、主索鞍、散索鞍及防护系统等。

5.2.2 悬索桥可采用单跨、双跨、多跨等布置形式，结构形式可采用简支、连续等，如图 5.2.2 所示。

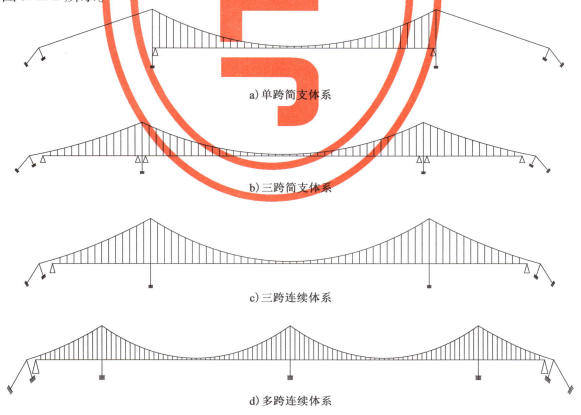

a) 单跨简支体系

b) 三跨简支体系

c) 三跨连续体系

d) 多跨连续体系

图 5.2.2 悬索桥结构体系示意图

条文说明

结构体系主要根据悬索桥加劲梁的竖向和横向约束体系以及加劲梁是否为多跨吊或多跨连续等来划分。

5.2.3 悬索桥边中跨比宜为 0.25~0.45。当锚碇布置受地形、地质条件等限制或有其他要求时，根据需要采取一定措施后可突破此范围。

5.2.4 主缆垂跨比应考虑经济性和全桥结构刚度的需要，宜在 1/9~1/11 的范围内确定。

条文说明

主缆垂跨比是总体设计中一项重要指标，减小垂跨比将增加全桥刚度、主缆拉力和锚碇规模，减小索塔高度和吊索长度。总体设计时应通过分析比较合理选定悬索桥主缆垂跨比。经统计，国内外 30 余座已建悬索桥，主缆垂跨比均在 1/9~1/11 之间。

5.2.5 主缆横向布置应综合抗风、加劲梁宽度等要求确定，并应满足施工机具对主缆与加劲梁之间的空间要求。主缆中心距与主跨跨径比值宜大于 1/60。

条文说明

加劲梁与主缆之间的空间主要考虑加劲梁吊装吊具以及主缆缠丝机等要求。

主缆中心距与主跨跨径比值是悬索桥横向刚度重要指标，直接影响悬索桥的抗风性能。经统计，国内外 30 余座已建悬索桥，加劲梁梁宽（或主缆中心线距）与主跨跨径比值，除英国亨伯尔桥为 1/64 外，其他均大于 1/60。

5.2.6 索塔、锚碇与加劲梁之间的空间应满足加劲梁安装、加劲梁变形、约束构造以及运营期养护的要求。

5.2.7 吊索间距应综合考虑材料用量、加劲梁运输架设条件以及加劲梁、吊索、索夹的受力情况等确定。

条文说明

吊索间距影响吊索的截面面积、加劲板梁的横肋间距、加劲箱梁的横隔板间距、钢桁架梁的弦杆长度与桥面横梁的布置等，并直接影响索夹设计。

5.2.8 吊索在顺桥向宜采用竖直布置方式。

5.2.9 可根据需要在跨中设置中央扣。地震烈度较高时，可采用柔性中央扣。

条文说明

中央扣可提高悬索桥结构的抗风稳定性、减小吊索弯折疲劳及梁端位移。

5.2.10 加劲梁的宽度和高度应满足桥面使用功能、结构受力、刚度和抗风稳定性的要求。加劲梁外形应考虑抗风的要求。

5.2.11 加劲梁由车道荷载频遇值引起的最大竖向挠度值不宜大于跨径的1/250，频遇系数取1。

5.2.12 加劲梁在风荷载作用下，最大横向位移不宜大于跨径的1/150。

条文说明

5.2.11～5.2.12 悬索桥为柔性结构，对加劲梁竖向挠度及横向位移的限值主要是保证行车的平顺舒适和安全感。上述两条文是参考国外有关规定及国内外已建悬索桥的统计资料而制定的。

5.3 抗风设计

5.3.1 抗风设计应遵循下列原则：

1 结构体系应具有足够的抗风强度、抗风刚度和抗风稳定性，保证施工阶段和成桥状态桥梁不发生风致静动力失稳以及强度和刚度破坏，并能保证成桥状态桥梁的风致振动不影响行车安全、结构疲劳和使用舒适性。
2 加劲梁、索塔、吊索等主要构件设计应有利于减小风荷载、降低风致变形和避免风致失稳。
3 结构体系的抗风性能可通过气动措施、结构措施和机械措施予以提高。
4 结构抗风性能宜通过模型风洞试验进行检验。
5 结构抗风设计应符合现行《公路桥梁抗风设计规范》（JTG/T D60-01）的规定。

5.3.2 抗风设计可采用下列结构或机械措施：

1 在主跨中央主缆和加劲梁之间设置中央扣。
2 设置交叉吊索或水平拉索。
3 在加劲梁两端设置纵向缓冲装置，在加劲梁与索塔或锚碇之间设置纵向阻尼装置或静力限位装置等。

条文说明

1 中央扣可提高结构非对称竖向振动、横向振动和扭转振动的频率，进而提高颤振稳定性。

2 采用交叉吊索或水平拉索可提高结构刚度，一般适用于较大跨径。

3 纵向缓冲装置、纵向阻尼装置或静力限位装置等有利于减小结构风致振动，一般需要与抗震设计相互兼顾，并作专门的参数研究。

5.3.3 抗风设计可采取下列气动措施：

1 优化加劲梁断面、检修车轨道和桥面护栏等。
2 在加劲梁上设置风嘴、导流板、分流板、裙板、中央稳定板、水平气动翼板等。
3 采用分体式钢箱加劲梁。
4 对索塔塔柱截面切角、倒角、安装导流板等。
5 作吊索表面处理、增设阻尼器等。
6 一个吊点采用多根并列吊索时，可采用刚性联结器或阻尼联结器联结。

条文说明

1 悬索桥抗风性能主要取决于加劲梁气动外形，包括加劲梁断面形状和加劲梁周边的附属设施，例如桥面栏杆、检修车轨道等。因此，可通过断面形状、桥面栏杆或检修车轨道等的优化来改善结构抗风性能。

2、3 当加劲梁的气动外形无法保证结构抗风性能时，可以采用第2款或第3款措施提高颤振稳定性或抑制涡激振动。

4 本款措施有利于抑制索塔涡激振动。

5 悬索桥吊索由于基频低、阻尼小、多根平行排列等，容易发生多种形式风振，主要包括风致涡振、风雨激振、尾流驰振等，可采用第5款措施抑制吊索风振。

6 本款措施有利于减振。

5.4 抗震设计

5.4.1 抗震设计应遵循下列原则：

1 应有可靠和稳定传递地震作用到地基的途径。
2 应设置有效的位移约束，以可靠地控制结构地震位移。
3 应避免部分结构构件的破坏而导致整个结构丧失抗震能力或对重力荷载的承载能力。
4 上、下部结构之间的连接构造宜受力均匀。
5 主要承重结构（索塔、桥墩）宜选择有利于提高延性变形能力的结构形式及材料，避免发生脆性破坏。

5.4.2 宜在加劲梁与索塔间、加劲梁与锚碇间设置减震耗能装置。减震耗能装置应满足下列要求：

　　1 减震耗能装置的设计使用年限不应少于20年，并应满足其可检、可修及可更换要求。

　　2 应通过试验对减震耗能装置的变形、阻尼比、刚度等参数进行验证。试验值与设计值的差别应控制在15%以内。

条文说明

　　悬索桥属于柔性结构，在地震作用下可能导致过大的梁体位移反应，可在加劲梁与索塔间、加劲梁与锚碇间设置减震耗能装置控制结构位移，改善结构受力。目前在桥梁上应用的减震耗能装置主要有两类：黏滞阻尼器和弹塑性阻尼器。

　　黏滞阻尼器的阻尼主要与速度有关，所提供阻尼 F 为：

$$F = Cv^{\xi} \tag{5-1}$$

式中：F——阻尼；

　　　C——阻尼系数；

　　　v——阻尼器运动速度；

　　　ξ——速度指数。

　　弹塑性阻尼器主要是利用金属材料在地震作用下发生弹塑性变形来耗散地震能量以达到减震效果。

5.4.3 在E1和E2地震作用下，抗震性能目标应符合表5.4.3的规定。

表5.4.3　抗震性能目标

地震作用	构件类别	结构性能要求	受力状态	功能要求
E1	加劲梁	无损伤	保持弹性	车辆正常通行
	主缆	无损伤		
	吊索	无损伤		
	基础	无损伤		
	索塔	无损伤		
	桥墩	无损伤		
	支座	无损伤	正常工作	
	减震耗能装置	无损伤		
	锚碇	无损伤		
E2	加劲梁	轻微损伤	总体保持弹性	经简单修复可继续使用或依靠结构重力自行恢复
	主缆	轻微损伤	保持弹性	
	吊索	无损伤		
	基础	轻微损伤	总体保持弹性	
	索塔	轻微损伤		

续表 5.4.3

地震作用	构件类别	结构性能要求	受力状态	功能要求
E2	桥墩	可修复损伤	可进入塑性	经简单修复可继续使用或依靠结构重力自行恢复
	减震耗能装置	轻微损伤	正常工作	
	锚碇	轻微损伤	正常工作	

条文说明

表 5.4.3 给出了悬索桥各类构件在 E1 和 E2 地震作用下的抗震性能目标。要求各类构件在 E1 地震作用下，无损伤，结构在弹性范围工作，正常的交通在地震后立刻得以恢复。在 E2 地震作用下，根据各类构件的重要性、可检性、可修复性以及可换性来确定其性能目标，如悬索桥主缆为主要承重构件，不可更换、也很难修复，要求在 E2 地震作用下保持弹性；而主塔、基础虽然也是重要构件，但在地震作用下，只要结构总体基本在弹性范围工作，可局部开裂，地震后，依靠结构重力，可恢复。

5.5 景观设计

5.5.1 有专门景观要求时，可选择一项或多项内容开展景观设计。

条文说明

景观设计内容包括：总体景观设计、主要构件造型设计、附属设施景观设计、色彩设计、夜景照明设计以及桥头雕塑或桥头公园设计等。

5.5.2 景观设计应确定目标和主题，并贯穿整个景观设计过程。

5.5.3 悬索桥总体景观设计应满足下列要求：
1 凸形竖曲线最高点宜设置在跨中。
2 各构件尺寸应比例协调，力线流畅，并宜突出索塔和主缆。
3 双塔悬索桥的索塔宜等高，主跨相等的多塔悬索桥索塔宜等高或中塔略高。
4 索塔外形在桥面上下宜视觉连续。
5 索塔横梁位置宜结合桥面位置，按照黄金分割比例设置。

5.5.4 主要构件造型应满足下列要求：
1 索塔、桥墩的造型元素应统一。
2 应减少锚碇出露地面部分尺寸，不能减少时，宜进行视觉弱化设计。

5.5.5 附属设施景观设计宜满足下列要求：

  1 排水管、电缆等附属设施不宜外露，不可避免时，宜采用装饰板遮盖并涂与主体结构相近的颜色。
  2 灯柱宜布置在桥面两侧。
  3 灯柱等附属构件可进行专门的造型设计。

5.5.6 悬索桥宜利用构件的自身色彩，若采用不同色彩时，应与周围环境相协调，并宜满足下列要求：
  1 需要突出桥梁时，宜选择对比色。
  2 需要与环境相融合时，宜采用调和色。
  3 鞍座及鞍罩涂装宜采用与主塔相同的色彩。

5.5.7 夜景照明应与交通照明相结合，并宜突出索塔和主缆的外轮廓。

5.5.8 应结合景观视点开展悬索桥景观设计评价。

条文说明

  悬索桥有多个景观视点，如果从远处观看，景观设计的主要构件是索塔、主缆和锚碇；如果从桥面上观看，主要构件是索塔上部、主缆和吊索。景观设计评价旨在得出各个视点景观效果综合最佳的方案。

6 总体计算

6.1 一般规定

6.1.1 在悬索桥的设计计算中，除应进行静力计算外，尚应进行动力特性分析、抗风、抗震、稳定计算，确保结构的强度、刚度和稳定性满足要求。

6.1.2 结构计算图式、几何特性、边界条件应反映实际结构状况和受力特征。

6.2 静力计算

6.2.1 静力计算应采用有限位移理论，宜采用空间结构分析模型。采用简化平面结构图式进行静力分析时，应计算荷载横向分布对结构的影响。

条文说明

悬索桥结构是空间受力体系，且现代大跨度悬索桥的桥面一般均比较宽，采用空间结构体系可准确反映悬索桥结构空间受力特点。

6.2.2 采用有限位移理论计算各种可变作用效应时，应采用永久作用的重力刚度进行计算。

条文说明

由于悬索桥是几何非线性结构，叠加原理不再适用，采用有限位移理论计算各种可变作用效应时，应以永久作用确定结构的重力刚度后，再计算各种可变作用的效应。

6.2.3 计算竖向挠度、水平变位、梁端转角（面内、面外）及纵向位移时，应采用不计冲击力的汽车车道荷载频遇值，频遇值系数应为1.0。

6.2.4 应根据设计成桥线形和结构重力、内力等，计算索股无应力长度、空缆线形、鞍座预偏量、索股初始张力、索夹位置及吊索无应力长度。

6.2.5 应根据施工阶段索塔内力及变形确定鞍座顶推量，明确相应的主缆线形、加劲梁空间位置等。

6.3 抗风计算

6.3.1 抗风计算应符合下列规定：

1 抗风计算应按照索塔自立状态、加劲梁安装阶段和结构成桥状态等三种状态来进行。

2 抗风计算应包括设计风速、风荷载、动力特性、抗风稳定性、风振响应等计算和验算。结构风致响应应采用模型风洞试验结果或数值计算结果。

3 抗风稳定性应包括加劲梁或主塔静风稳定性、驰振稳定性和颤振稳定性；风振响应应包括加劲梁或主塔涡振和抖振以及吊索振动等响应。

4 抗风计算可按表6.3.1的规定选用结构阻尼。

表6.3.1 结构阻尼

加劲梁类型	阻尼比 ζ	对数衰减率 δ
钢箱梁	0.002~0.004	0.013~0.025
钢桁架	0.003~0.005	0.019~0.031
钢—混凝土组合梁	0.005~0.008	0.031~0.050
钢筋混凝土箱梁	0.010~0.015	0.063~0.094

注：下限值对应高阶振动模态，上限值对应一阶或低阶振动模态。

条文说明

1 悬索桥抗风计算除了考虑结构成桥状态之外，还包括索塔自立状态和加劲梁安装阶段，前者需要进行涡振和驰振验算，后者是基于大量悬索桥施工阶段抗风研究成果，加劲梁在不同拼装率的结构颤振性能存在很大差异，特别是在某个拼装率时会出现颤振临界风速的低谷。

2 根据国内外桥梁抗风设计研究的经验，将抗风计算和验算内容归纳为五项，其中，抗风稳定性和风振响应采用桥梁模型风洞试验结果或经过有效性验证的数值计算结果。

3 本款结合悬索桥主要组成构件，将抗风稳定性验算归纳为加劲梁或索塔的静风稳定性、驰振稳定性和颤振稳定性，风振响应计算包括加劲梁或索塔涡振和抖振以及吊索振动。

4 《公路桥梁抗风设计规范》（JTG/T D60-1—2004）中规定的结构阻尼主要适合于一阶或低阶的振动模态。国内外大跨度悬索桥结构动力特性的现场实测结果表明，高阶模态结构阻尼要小很多。如果继续采用原来的规定，势必会低估高阶模态振动的影响，特别是高阶模态涡激振动，因此有必要将高阶模态结构阻尼降下来。本款规定给出的结构阻尼下限值，主要参考了我国舟山连岛工程西堠门大桥、润扬长江大桥、江阴长江大桥、香港青马大桥、虎门大桥等现场实测结构阻尼和日本有关规范对悬索桥阻尼的规定。

6.3.2 风荷载包括平均风作用、脉动风背景作用和结构惯性动力作用，其计算应符合下列规定：
1 平均风作用应按现行《公路桥梁抗风设计规范》（JTG/T D60-01）的有关规定计算。
2 脉动风背景作用和结构惯性动力作用应基于模型风洞试验或数值计算结果确定。

6.3.3 动力特性计算应符合下列规定：
1 近似结构动力特性可按现行《公路桥梁抗风设计规范》（JTG/T D60-01）的规定进行估算。
2 精确结构动力特性宜采用有限元法计算。

6.3.4 索塔自立状态抗风计算应符合下列规定：
1 应按现行《公路桥梁抗风设计规范》（JTG/T D60-01）的规定进行驰振稳定性验算。
2 应进行涡激共振振幅计算。

条文说明

自立状态进行驰振稳定性验算的索塔包括：钢筋混凝土索塔、钢索塔以及钢混组合索塔。

6.3.5 加劲梁安装阶段抗风计算应满足下列要求：
1 应按现行《公路桥梁抗风设计规范》（JTG/T D60-01）的规定进行施工阶段静风稳定性验算。
2 应按现行《公路桥梁抗风设计规范》（JTG/T D60-01）的规定进行施工阶段颤振稳定性验算。

6.3.6 结构成桥状态抗风计算应满足下列要求：
1 应按现行《公路桥梁抗风设计规范》（JTG/T D60-01）的规定进行成桥状态静风稳定性验算。
2 应按现行《公路桥梁抗风设计规范》（JTG/T D60-01）的规定进行成桥状态颤振稳定性验算。
3 必要时加劲梁应采用大比例刚体节段模型风洞试验方法确定涡激共振振幅和相应锁定风速，并应满足行车安全、结构疲劳和使用舒适度等要求。
4 必要时应采用全桥气弹模型风洞试验方法确定抖振响应，并应满足结构安全和疲劳等要求。

条文说明

3 大比例节段模型涡振风洞试验的规定，是结合悬索桥加劲梁涡激振动研究经验提出的。

6.4 抗震计算

6.4.1 进行悬索桥地震作用效应分析时，计算模型应真实模拟桥梁结构的刚度和质量分布及边界条件，并应满足下列要求：

1 计算模型应根据实际情况考虑相邻引桥对主桥地震作用效应的影响。
2 桥墩、索塔可采用空间梁单元模拟；桥面系应视截面形式选用合理计算模型；主缆和吊索可采用空间桁架单元。
3 应考虑永久作用下结构几何刚度、缆索垂度效应等几何非线性影响。
4 进行非线性时程分析时，应采用能反映支座力学特性的单元模拟；塔柱已进入非线性工作状态时，应选用适当的弹塑性单元模拟。
5 应考虑基础桩—土—结构相互作用对悬索桥地震作用效应的影响。
6 悬索桥的阻尼比宜取为 0.02。

条文说明

桥梁结构的刚度和质量分布，以及边界条件决定了结构本身的动力特性。

1 由于悬索桥主桥与中小跨度引桥的动力特性差异，会使主、引桥在连接处产生较大的相对位移或支座损坏，从而导致落梁震害。因而，在结构计算分析时，需建立主桥与相邻引桥孔（联）耦联的计算模型。

2 大跨桥梁的空间性决定了其动力特性和地震反应的空间性，因而需建立三维空间计算模型。

3 大跨桥梁的几何非线性主要来自三个方面：
（1）索垂度效应，一般用等效弹性模量模拟；
（2）梁柱效应，即梁柱单元轴向变形和弯曲变形的耦合作用，一般引入几何刚度矩阵来模拟，只考虑轴力对弯曲刚度的影响；
（3）大位移引起的几何形状变化。

研究表明，大位移引起的几何形状变化对结构地震作用效应影响较小，一般可忽略。

4 活动盆式和球型支座的试验表明，当支座受到的剪力超过其临界滑动摩擦力后，支座开始滑动，其动力滞回曲线可用类似于理想弹塑性材料的滞回曲线代表。

5 基础—土—结构动力相互作用使结构的动力特性、刚度和地震作用效应发生改变，忽略基础—土—结构动力相互作用的抗震分析可能导致较大的误差，并导致不安全的抗震设计。因此，需考虑基础—土—结构动力相互作用。

6.4.2 悬索桥地震作用效应分析可按表6.4.2的规定选用合适的方法。

表6.4.2 不同地震作用的分析方法

地震作用	分析方法
E1	反应谱法或线性时程法
E2	非线性时程法

6.4.3 采用反应谱法计算应满足下列要求：

1 采用多振型反应谱法时，应考虑足够的振型阶数。

2 振型组合方法应按下列规定采用：

1) 采用SRSS方法应按式（6.4.3-1）确定地震作用效应：

$$F = \sqrt{\sum S_i^2} \tag{6.4.3-1}$$

式中：F——结构的地震作用效应；

S_i——结构第i阶振型地震作用效应。

2) 当结构相邻两阶振型的自振周期T_i和T_j接近（$T_i \leq T_j$），T_i和T_j之比ρ_T满足式（6.4.3-2）时，应采用CQC方法按式（6.4.3-3）计算地震作用效应。

$$\rho_T = \frac{T_j}{T_i} \geq \frac{0.1}{0.1 + \xi} \tag{6.4.3-2}$$

$$F = \sqrt{\sum \sum S_i r_{ij} S_j} \tag{6.4.3-3}$$

$$r_{ij} = \frac{8\xi^2 (1+\rho_T) \rho_T^{\frac{3}{2}}}{(1-\rho_T^2)^2 + 4\xi^2 \rho_T (1+\rho_T)^2} \tag{6.4.3-4}$$

式中：ξ——阻尼比；

ρ_T——周期比；

r_{ij}——相关系数，按式（6.4.3-4）确定；

S_j——结构第j阶振型地震作用效应。

3 考虑三个正交方向的地震作用时，可分别单独计算顺桥向X、横桥向Y和竖向Z的最大效应，计算方向总的设计最大地震作用效应E应按式（6.4.3-5）确定：

$$E = \sqrt{E_X^2 + E_Y^2 + E_Z^2} \tag{6.4.3-5}$$

式中：E_X——X向地震作用在计算方向产生的最大效应；

E_Y——Y向地震作用在计算方向产生的最大效应；

E_Z——Z向地震作用在计算方向产生的最大效应。

条文说明

1 悬索桥结构自振周期长、空间性强、构件种类多、地基覆盖范围广，高阶振型对结构地震响应影响很大且复杂，采用多振型反应谱法进行悬索桥地震响应分析时需要考虑足够多的振型阶数才能准确预计悬索桥的地震响应。采用下列方法判断所选取的振型阶数是否满足要求：

（1）选取初始振型阶数进行反应谱分析，对于悬索桥建议取前500阶振型，并得到控制截面的地震响应。

（2）在前次所选振型阶数上增加振型阶数（通常为50阶）进行地震响应分析，得到控制截面地震响应。

（3）如果两次计算的控制截面地震响应结果相差在5%以内，则认为所选振型阶数满足要求。

2 SRSS（Square Root of Sum of Squares）法对于频率分离较好的平面结构具有很好的精度，但是对于频率密集的空间结构，由于忽略了各振型间的耦合项，故时常过高或过低地估计结构的反应。根据随机过程理论导出了线性多自由度体系的振型组合规则CQC（Complete Quadratic Combination）法，较好地考虑了频率接近时的振型相关性，克服了SRSS法的不足。

3 一般情况下，采用反应谱法同时考虑顺桥向X、横桥向Y与竖向Z的地震作用时，可分别计算顺桥向X、横桥向Y与竖向Z地震作用下的响应，其总的地震作用效应按本条规定进行组合。

6.4.4 采用线性和非线性时程分析方法计算时，应至少采用3组地震加速度时程，并应满足下列要求：

1 当采用3组地震加速度时程时，最终结果应取各组结果的最大值；当采用7组及以上地震加速度时程时，最终结果可取结果的平均值。

2 可采用瑞利阻尼，取用两阶反应贡献大的振型确定瑞利阻尼系数。

条文说明

1 一组时程分析结果只是结构随机响应的一个样本，不能反映结构响应的统计特性，因此，需要对多个样本的分析结果进行统计才能得到可靠的结果。本规范参照美国AASHTO规范给出了本规定。

2 阻尼是影响结构地震反应的重要因素，在进行非规则桥梁时程反应分析时可采用瑞利阻尼假设建立阻尼矩阵。根据瑞利阻尼假设，结构的阻尼矩阵$[C]$可表示为式（6-1）：

$$[C] = a_0[M] + a_1[K] \tag{6-1}$$

式中：$[M]$——结构的质量矩阵；

$[K]$——结构的刚度矩阵。

a_0 和 a_1 可按式（6-2）确定：

$$\begin{Bmatrix} a_0 \\ a_1 \end{Bmatrix} = \frac{2\xi}{\omega_n + \omega_m} \begin{Bmatrix} \omega_n \omega_m \\ 1 \end{Bmatrix} \tag{6-2}$$

式中：ξ——阻尼比；

ω_n——结构振动的第 n 阶圆频率，宜取结构的基频；

ω_m——结构振动的第 m 阶圆频率，取后几阶对结构振动贡献大的模态的频率。

6.4.5 E1 地震作用下，地震作用和其他作用组合后，应按现行《公路钢筋混凝土及预应力混凝土桥涵设计规范》（JTG D62）、《公路钢结构桥梁设计规范》（JTG D64）和《公路桥涵地基与基础设计规范》（JTG D63）进行索塔、桥墩和基础的强度验算。

6.4.6 E2 地震作用下应按下列要求进行抗震验算：

1 E2 地震作用下，地震作用和其他作用组合后，索塔截面和桩基础截面的截面弯矩应小于截面等效抗弯屈服弯矩（考虑轴力）M_y（图 6.4.6）。

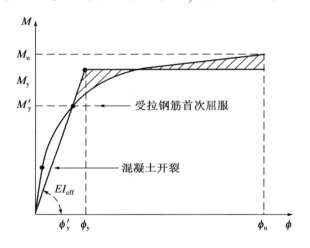

图 6.4.6 弯矩—曲率曲线

2 E2 地震作用下，地震作用和其他作用组合后，应按现行《公路桥涵地基与基础设计规范》（JTG D63）进行单桩承载能力验算。

1）无液化土层时，单桩的抗压承载能力可提高 100%，单桩的抗拉承载力可提高 25%。

2）有液化土层时，液化土层的承载力（包括桩侧摩阻力）、土抗力（地基系数）、内摩擦角和黏聚力等，可根据液化抵抗系数 C_e 予以折减，折减系数 α 应按表 6.4.6 采用，液化土层内及以上部分单桩承载能力不宜提高。

$$C_e = \frac{N_1}{N_{cr}} \tag{6.4.6}$$

式中：C_e——液化抵抗系数；

N_1、N_{cr}——实际标准贯入锤击数和标准贯入锤击数临界值。

表 6.4.6 土层液化影响折减系数

C_e	d_s (m)	α
$C_e \leq 0.6$	$d_s \leq 10$	0
	$10 < d_s \leq 20$	1/3
$0.6 < C_e \leq 0.8$	$d_s \leq 10$	1/3
	$10 < d_s \leq 20$	2/3
$0.8 < C_e \leq 1.0$	$d_s \leq 10$	2/3
	$10 < d_s \leq 20$	1

注：表中 d_s 为标准贯入点深度（m）。

3）桥墩应按现行《公路工程抗震设计规范》（JTG B02）和《公路桥梁抗震设计细则》（JTG/T B02-01）的要求进行塑性变形能力和抗剪验算。

4）支座应按现行《公路工程抗震设计规范》（JTG B02）和《公路桥梁抗震设计细则》（JTG/T B02-01）的相关规定进行验算。

5）加劲梁、主缆、吊索强度以及鞍座的抗滑性验算应按本规范的相关规定进性验算。

条文说明

E2 地震作用下，索塔截面和桩基截面要求其在地震作用下的截面弯矩小于截面等效抗弯屈服弯矩 M_y（考虑轴力）。M_y 是把实际弯矩—曲率曲线按图 6.4.6 所示阴影面积相等原则等效为图中所示理想弹塑性双线性模型时得到的等效抗弯屈服弯矩。从理想弹塑性双线性模型看，当地震作用效应小于等效抗弯屈服弯矩 M_y 时，结构整体反应还在弹性范围。实际上，在地震过程中，对应于等效抗弯屈服弯矩 M_y，截面上还是有部分钢筋进入了屈服。研究表明，截面的裂缝宽度可能会超过容许值，但混凝土保护层仍完好（对应保护层损伤的弯矩为截面极限弯矩 M_u，$M_y \leq M_u$）。由于地震过程的持续时间比较短，地震后，由于结构自重，地震过程开展的裂缝一般可以闭合，不影响使用，满足 E2 地震作用下局部发生可修复的损伤，地震发生后，基本不影响车辆通行的性能目标要求。

7 索塔

7.1 一般规定

7.1.1 索塔设计除应满足施工及运营阶段结构强度、刚度、稳定性、耐久性等要求外，尚应考虑经济合理、施工方便、造型美观及便于维修养护等要求。

7.1.2 索塔可根据不同需要，采用钢筋混凝土索塔、钢索塔或钢混组合索塔等。

条文说明

钢混组合索塔是指由钢筋混凝土塔柱、钢横撑组成的组合结构索塔。

国外大跨悬索桥中采用钢索塔相当普遍，其主要优点是施工速度快、质量容易保证、抗震性能好。

混凝土索塔的优点是用钢量少、成本低、易维护，近几年我国修建的大跨悬索桥都采用了钢筋混凝土索塔。

表7-1列出了国内外部分悬索桥钢筋混凝土索塔资料，供参考。

表7-1 国内外部分悬索桥钢筋混凝土索塔汇总表

序号	桥名	建成年份	主跨跨径（m）	垂跨比	塔高（m）	索塔高跨比	塔顶截面宽（m）		塔底截面宽（m）		横梁根数
							顺桥向	横桥向	顺桥向	横桥向	
1	坦克维尔桥（法国）	1959	608	1/9	123.0	0.203	4.65	3.05	4.65	6.55	2
2	小贝尔特桥（丹麦）	1970	600	1/9	112.7	0.188	4.5	4.0	4.5	6.55	2
3	恒伯尔桥（英国）	1981	1 410	1/10.6	155.5	0.110	4.75	4.5	6.0	6.0	4
4	香港青马大桥（中国）	1997	1 377	1/11	195.9	0.143	9.0	6.0	18.0	6.0	4
5	汕头海湾大桥（中国）	1996	452	1/10	95.1	0.210	6.0	3.5	6.0	3.5	3
6	西陵长江大桥（中国）	1996	900	1/10	128.0	0.142	6.0	4.0	8.46	4.0	3

续表 7-1

序号	桥名	建成年份	主跨跨径（m）	垂跨比	塔高（m）	索塔高跨比	塔顶截面宽（m）		塔底截面宽（m）		横梁根数
							顺桥向	横桥向	顺桥向	横桥向	
7	广东虎门大桥（中国）	1997	888	1/10.5	147.55	0.166	5.6	5.6	8.5	5.6	3
8	江阴长江大桥（中国）	1999	1 385	1/10.5	183.8	0.134	8.5	6.0	14.5	6.0	3
9	宜昌长江大桥（中国）	2001	960	1/10	142.87	0.149	6.0	5.0	8.85	5.0	3
10	润扬长江大桥（中国）	2005	1 490	1/10	210.3	0.141	9.5	6.0	12.5	6.0	3
11	广州珠江黄埔大桥（中国）	2008	1 108	1/10	190.5	0.172	8.5	5.5	11.5	9.0	2
12	舟山连岛工程西堠门大桥（中国）	2009	1 650	1/10	211.29	0.128	8.5	6.5	12.5	11.5	3

7.1.3 多塔悬索桥中塔纵向刚度确定应同时考虑加劲梁挠度和主缆抗滑移安全要求。

条文说明

中塔纵向刚度是中塔结构选型的关键，三塔悬索桥中塔的纵向刚度应当在一定范围之内。泰州长江大桥在所选择的结构体系与所选定的挠度限制和主缆抗滑移系数等前提下，中塔结构的纵向刚度在 23~28MN/m 之间。

7.1.4 索塔的高度应根据主缆垂度、加劲梁高度、桥面线形、通航净高与航空限高等确定。

7.1.5 索塔基础可根据不同的建设条件选用桩基础、沉井基础或扩大基础等。

7.1.6 位于通航水域的索塔，应满足抗、防船撞等的要求。

7.1.7 索塔设计应满足防雷、航空警示等要求。

7.2 结构形式

7.2.1 索塔横桥向结构形式可为刚构式、桁架式或组合式（图7.2.1）。刚构式可用于混凝土索塔和钢索塔；桁架式可用于钢索塔；组合式可用于钢索塔和钢混组合式索塔。

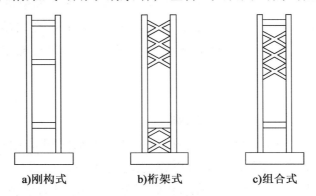

图 7.2.1 索塔横桥向结构形式

7.2.2 索塔顺桥向可采用柱式结构，多塔悬索桥中塔宜采用人字形。

7.2.3 混凝土索塔塔柱及横梁应考虑受力、施工和景观等要求，确定合适的截面形式，宜采用空心箱形截面。塔柱断面设计应满足下列要求：
1 根据索塔顺、横桥向的受力要求选择合适的断面尺寸和壁厚。
2 考虑塔顶主鞍座的大小。
3 考虑塔内电梯的尺寸要求。

7.2.4 钢索塔的塔柱钢混结合区宜选择在承台或下横梁位置处；钢塔柱宜选择带有切角的箱形截面。

条文说明

钢索塔塔柱一般采用箱形截面。图7-1列出了泰州长江大桥、南京长江三桥和港珠澳跨海大桥钢塔柱断面形式。

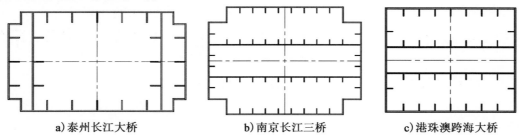

图 7-1 钢塔柱断面形式

7.2.5 钢混组合索塔混凝土塔柱宜采用空心箱形截面形式，钢横撑宜采用箱形结构或桁架式结构。

条文说明

7.2.3～7.2.5 国内泰州长江大桥、马鞍山长江大桥、鹦鹉洲长江大桥等大跨径三塔悬索桥的中塔采用钢塔柱；武汉阳逻长江大桥索塔设计采用钢筋混凝土塔柱、横梁为钢箱剪刀撑的组合结构形式，南京长江四桥索塔设计采用钢筋混凝土塔柱、横梁为钢拱梁的组合结构形式。

7.2.6 索塔基础的选择可遵循下列原则：
1 基岩埋深较浅、地形地质条件良好的陆地或浅水区可选用扩大基础。
2 覆盖层较厚且具备桩基施工条件的区域可选用桩基础。
3 表层地基土承载力不足但在一定深度下有较好的持力层或平坦的基岩，且不便桩基础施工或上部荷载较大或船舶撞击力较大时，可选用沉井基础。

7.3 构造要求

7.3.1 混凝土索塔塔柱截面构造应满足下列要求：
1 塔柱顶段应有足够厚度的实体段，塔顶尺寸应与主索鞍匹配。
2 空心截面塔柱底部宜设置实体段、塔座。
3 空心截面塔柱与横梁连接处的塔壁应局部加厚。其厚度应保证横向预应力束布置的需要并不影响塔柱内电梯运行所需空间。
4 空心截面塔柱和横梁应设置通风孔，间距宜为 10～15m。
5 空心截面塔柱、横梁均应设置检修孔，其尺寸应方便人员出入和设备（电梯、除湿设备等）的安装。检修孔之间应设置通道、爬梯及扶手等。
6 空心横梁内宜设置横隔板，横隔板可布置在上部结构、施工支架及吊装设备的支承处，不宜少于两道。
7 加劲梁与塔柱、下横梁顶面之间的距离应满足支座设置、纵向或横向限位装置高度及施工、养护需要。
8 索塔横梁宜采用预应力结构，预应力筋宜锚固于塔柱外侧。
9 塔柱竖向受力钢筋直径不应小于25mm，其截面面积不应小于混凝土截面面积的1%；箍筋直径不应小于16mm，间距不应大于200mm。
10 塔柱内宜根据施工需要设置型钢作为劲性骨架。

条文说明

1 塔柱顶部承受由鞍座传来的较大的竖向集中力，为了满足抗剪及局部承压的需要，塔柱顶混凝土中除埋入钢格栅、设置多层钢筋网外，还要求塔柱顶段布置有足够的实体段，起到应力扩散和应力平顺过渡的作用。

2 塔柱根部与基础连接处设置实体段，也是为了达到应力平顺过渡的目的。

4 无论是在施工阶段还是成桥后，塔内通风都十分重要，通风孔大小形状可根据塔柱壁的钢筋布置情况确定。为了同时达到下雨时引流的作用，通风孔可斜置于塔柱壁上。

6 混凝土空心横梁的尺寸较大，为提高结构的抗扭刚度，设置一定数量的横隔板是必要的。

10 索塔施工为确保塔柱线形的要求，需保证钢筋具有足够的刚度，所以索塔施工宜设置必要的劲性骨架。

7.3.2 钢索塔除应满足现行《公路钢结构桥梁设计规范》（JTG D64）的规定外，尚应满足下列规定：

1 钢塔柱与承台宜采用螺栓锚固式或螺栓锚固与埋入式结合的方式连接；钢塔柱与混凝土塔柱连接时宜采用埋入式连接。
2 钢塔柱节段高度划分应充分考虑工厂制造能力和施工吊装能力。
3 钢索塔外壁板和竖向隔板的厚度应根据受力确定，且不宜小于20mm。
4 钢塔柱内应设置水平横隔板，间距不宜大于5 000mm。
5 钢塔柱外形应满足抗风性能要求，必要时尚应考虑制振设施的构造要求。
6 钢塔柱节段间连接宜采用金属接触与高强度螺栓结合的方式。
7 钢横梁与钢塔柱横梁预留段的连接方式可采用栓接、焊接或栓焊结合方式。

7.3.3 钢混组合式索塔应满足下列要求：

1 钢混组合式索塔的构造要求应符合混凝土塔柱及钢塔柱的相关构造规定。
2 空心截面塔柱与钢横撑连接处的塔壁应局部加厚。
3 钢横撑与混凝土塔柱中钢预埋件的连接方式可采用栓接、焊接或栓焊结合方式，钢横撑两端宜设置嵌补段。
4 钢横撑设计应考虑制造安装、运营期检修及防腐等要求。

条文说明

2 为保证空心截面塔柱与钢横撑连接处钢横撑传力的可靠，塔柱与钢横撑连接处的塔壁应局部加厚。

3 钢混组合式索塔钢横撑吊装时的机械控制精度与混凝土塔柱的施工精度很难达到钢构件的加工要求。钢横撑的安装方式可以采取中部整体大节段加端部嵌补段的设计思路，首先吊装就位中部大节段，然后现场放样精确就位嵌补段。为保证钢横撑的整体性，嵌补段需满足一定的结构尺寸要求，武汉阳逻长江大桥嵌补段长度为50cm。

7.3.4 扩大基础、桩基础、沉井基础的构造应满足现行《公路桥涵地基与基础设计规范》（JTG D63）的要求。

7.4 结构计算

7.4.1 索塔可采用二维计算模型分别按顺桥向和横桥向两个方向的施工和成桥运营两个阶段进行整体计算分析。

7.4.2 顺桥向计算宜计入结构非线性效应的影响。

7.4.3 横桥向计算可采用线性分析方法，其计算模型为由塔柱和横梁组成的平面框架。

7.4.4 钢索塔宜采用空间结构模型进行整体分析验算。

7.4.5 混凝土塔柱及混凝土横梁的截面验算应符合现行《公路钢筋混凝土及预应力混凝土桥涵设计规范》（JTG D62）的规定；钢塔柱及钢横梁的截面验算应符合现行《公路钢结构桥梁设计规范》（JTG D64）的规定。验算时应考虑横、顺桥向荷载的组合效应。

7.4.6 索塔应验算施工和成桥阶段结构整体稳定性，弹性屈曲稳定安全系数不应小于4。钢塔设计应进行整体稳定性和局部稳定性计算，并应保证局部失稳不先于整体失稳发生。

8 锚碇

8.1 一般规定

8.1.1 锚碇设计应根据地形、地质、水文、主缆力、施工条件、经济性等选择锚体及基础形式。

条文说明

锚碇是将巨大的主缆拉力通过重力式锚体及其基础、岩洞锚塞体或岩体传递给地基的悬索桥关键构件，采用何种结构形式与地形、地质、水文及主缆力等建设条件密切相关。

8.1.2 锚碇设计除应符合本规范规定外，尚应符合现行《公路桥涵地基与基础设计规范》（JTG D63）、《公路钢筋混凝土及预应力混凝土桥涵设计规范》（JTG D62）的有关规定。

8.1.3 锚碇大体积混凝土施工应进行温度控制专题研究。

条文说明

锚碇的锚块、基础底板、顶板等部位为大体积混凝土结构，需制订科学、合理、可行的施工方案和温度控制措施，以保证施工期间混凝土不开裂或将裂缝控制在容许范围内。

8.1.4 对埋置于地下或处于水包围环境的前、后锚室的各表面，以及外露于地面的前锚室表面，应进行防水设计。

8.2 结构形式

8.2.1 锚碇可分为重力式锚碇、隧道式锚碇和岩锚锚碇，应根据地质、地形条件及经济性选择合适的锚碇形式。

条文说明

锚碇形式（图8-1）的选择重点考虑两个问题：一是如何通过埋置于锚碇的锚固系统将主缆拉力传递给锚碇；二是怎样结合地质、地形等条件，将锚碇设置在合适的地基之上。

根据锚室的布置形式，重力式锚碇分为实腹式和框架式。重力式锚碇多做成实腹式，施工比较简单、受力可靠。框架式锚碇相对而言体量有所减小，在景观和经济方面有一定优势。

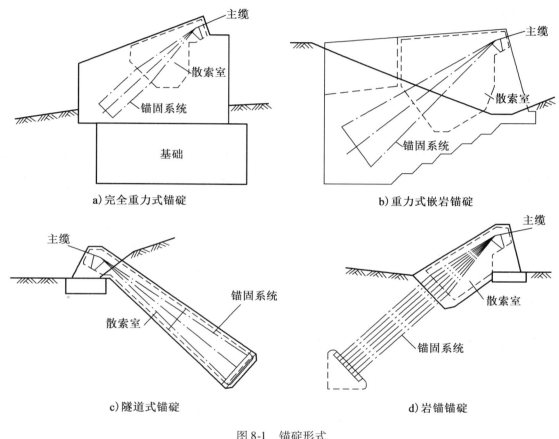

图 8-1 锚碇形式

8.2.2 当地质、地形条件较好且适宜成洞时，可采用隧道式锚碇。

条文说明

隧道式锚碇锚塞体可充分发挥围岩的承载能力，并通过锚塞体自重和围岩共同承担主缆拉力，节约材料、经济性好，对地形地貌和周围环境破坏小。因此当锚址处地质条件较好、地形有利于桥跨及锚碇布置时，需首先考虑修建隧道锚的可能性。

隧道式锚碇位置一般选择岩体完整稳定的区域。从表 8-1 的对比数据可以看出，国外隧道式锚碇设计多在围岩成洞条件好，适于减小洞身规模，发挥围岩受力的情况下采用。而国内悬索桥隧道式锚碇的一个特点是实际工程多集中于西南山区，受制于地形地貌条件的影响，且总体上地质条件、围岩完整性较差，多位于岩溶发育或破碎地段，受地质条件的影响锚体设计的尺寸规模相对较大。

表8-1　悬索桥隧道式锚碇工程统计

桥名	主跨（m）	结构体系	建成年份	围岩地质	说　明
华盛顿大桥（美国）	1 066.8	三跨连续	1827/1962	玄武岩	新泽西岸为隧道式锚碇，锚体长45.7m
奥克兰海湾桥（美国）	750	三跨连续	1936	岩体完整性好	奥克兰岸为隧道式锚碇，锚体长51.8m
福斯桥（英国）	1 005.8	三跨连续	1964	页岩及砂岩（南）、玄武岩（北）	南锚碇锚体长76.2m，北锚碇53.8m
克瓦尔松桥（瑞典）	525	单跨简支	1977	岩体完整性好	锚体长37m
下津井濑户大桥（日本）	940	三跨连续	1987	岩体完整性好	本州侧锚碇为隧道式锚碇，锚体长62m
高海岸大桥（瑞典）	1 210	三跨连续	1997	岩体完整性好	隧道式预应力岩锚，锚塞体长37m
重庆鹅公岩大桥（中国）	600	三跨连续	2000	泥岩砂岩互层	锚体长42m，并设齿坎、抗滑桩
重庆忠县长江大桥（中国）	560	单跨简支	2001	粉砂质泥岩	锚洞长36m，与岩锚结合
重庆万州长江大桥（中国）	580	单跨简支	2004	砂岩	锚体长19m，结合岩锚
四川丰都长江大桥（中国）	450	单跨简支	1997	砂岩	洞身长52m，锚体长10m，与岩锚结合
西藏角笼坝大桥（中国）	345	单跨简支	2004	玄武岩	锚塞体长10m，预应力岩锚13m
贵州坝陵河大桥（中国）	1 088	单跨简支	2009	泥晶灰岩	西岸隧道式锚碇，锚体长40m
湖北四渡河大桥（中国）	900	单跨简支	2009	微晶灰岩夹有角砾状灰岩	宜昌岸隧道式锚碇，锚体长度40m
湖南矮寨大桥（中国）	1 176	单跨简支	2012	泥质白云岩	锚塞体长35m

8.2.3　当岩体完整、强度高时，可采用岩锚或带有预应力岩锚+锚塞体组合式隧道式锚碇。

条文说明

岩锚的作用是利用高质量的岩体，将主缆拉力分散在单个岩孔中锚固，取消或减少锚塞体混凝土用量，可节约工程材料。但岩锚围岩受力范围小、应力集中现象突出，对围岩强度要求更高。1997年建成的瑞典高海岸大桥和2012年建成的韩国光阳大桥采用的是典型的岩锚构造，其共同点是围岩强度和完整性非常好，完全利用围岩锚固即可满足受力要求，如图8-2所示。

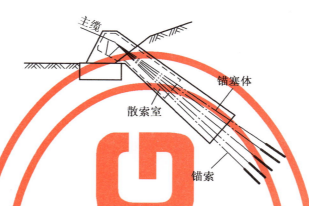

图8-2 预应力岩锚+锚塞体组合式隧道式锚碇

8.2.4 当采用隧道锚、岩锚等在建设条件和综合经济性方面不占优势的情况下，宜选择重力式锚碇方案。

条文说明

重力式锚碇适应性较强，传力机理简单，主要通过锚碇自身重力和地基摩擦力承担主缆缆力。

8.2.5 重力式锚碇基础可分为扩大基础、沉井基础、地下连续墙基础及复合基础，宜遵循下列原则进行选择：

1 基岩埋深较浅、地形地质条件良好的陆地或浅水区宜采用扩大基础。

2 表层地基土承载力不足但在一定深度下有较好的持力层或平坦的基岩，可采用沉井基础。

3 在陆地或浅水区、基岩埋置较深或锚址区，对地面变形有严格要求或防洪要求高时，可采用地下连续墙基础。

4 当地质条件复杂，采用单一基础形式不能满足要求时，可采用复合基础。

8.2.6 锚固系统可采用预应力锚固系统或型钢拉杆锚固系统。

8.3 构造要求

8.3.1 锚碇内主缆中心线的折射角、散索长度应根据主缆的入射角、主缆索股在散索鞍鞍槽内的稳定性等综合确定。

条文说明

锚碇散索鞍与前锚面之间的散索长度，需综合考虑前锚室内最外侧索股与中心索股之间夹角 θ 大小、前锚面构造及作业空间等因素。根据工程经验，从鞍槽内索股稳定性方面考虑，在初步确定锚碇 IP 点位置等总体构造时，散索鞍处主缆入射角和锚碇内主缆中心线夹角宜大于 18°。表 8-2 统计了我国已建悬索桥锚室内主缆最外侧索股与中心索股之间夹角，均在 7°～12°之间。索股稳定性相关计算要求见本规范第 12.4 节。

表8-2 我国已建悬索桥锚室内主缆最外侧索股角度（°）

桥梁名称	θ	桥梁名称	θ
湖北四渡河特大桥	11.53	广州珠江黄埔大桥	8.259
润扬长江大桥	11.36	武汉阳逻长江大桥	11.45
宜昌长江大桥	8.21	湖南矮寨大桥	10.04
舟山连岛工程西堠门大桥	8.334/9.455	湖南张花澧水特大桥	10.62

8.3.2 应根据地质条件、主缆拉力、锚块最不利斜剪切面强度或锚塞体结合面抗剪等因素，确定锚碇前锚面与后锚面之间的锚固长度。

8.3.3 锚碇前锚室空间应满足主缆索股在锚室内散索的需要，后锚室空间应满足施工、维护的要求。

8.3.4 锚室内锚体侧墙及锚面处应设置平台、台阶及通道，锚面上锚固点间距应考虑千斤顶布置及操作空间的需要。

8.3.5 重力式锚碇应合理划分锚碇混凝土分块与分层，必要时可设置后浇带。后浇带宽度应满足施工要求，且应采取有效措施保证其连接的可靠性；后浇带宜采用微膨胀混凝土，内部钢筋应采取防腐蚀措施。

8.3.6 重力式锚碇基础构造设计除应符合现行《公路桥涵地基与基础设计规范》（JTG D63）的规定外，尚应满足下列要求：

1 对扩大基础，平面尺寸应大于锚体外轮廓尺寸，并宜设置 1.5～3m 的襟边。襟边与厚度的关系应满足刚性角要求，刚性角不宜大于 45°。

2 对箱形基础，顶板厚度不宜小于80cm，底板厚度不宜小于100cm。墙体间距不宜大于10m，外墙厚度不宜小于50cm，内墙厚度不宜小于30cm。

3 地下连续墙支护结构壁厚应考虑成槽机械能力，厚度不宜小于80cm。

4 对沉井基础，沉井井壁厚度宜为0.8~2.5m，沉井顶面盖板厚度不宜小于1.5m。

条文说明

2 目前国内已建或在建悬索桥中，厦门海沧大桥东西锚碇、重庆鹅公岩长江大桥西锚碇均采用浅埋倒坡箱形基础。厦门海沧大桥东西锚碇箱形基础顶板、底板厚度分别为100cm、120cm；重庆鹅公岩长江大桥西锚碇箱形基础顶板、底板厚度分别为100cm、200cm，壁厚50cm。

根据已建实桥资料并参照《高层建筑箱形与筏形基础技术规范》（JGJ 6—2011）第6.2.9条规定，外墙厚度不宜小于25cm，内墙厚度不宜小于20cm。考虑悬索桥锚碇的箱形基础一般规模较大，提出本款规定。

3 国内已建或在建悬索桥锚碇中，地下连续墙基础应用较多，如广东虎门桥西锚（壁厚80cm）、润扬长江大桥北锚（壁厚120cm）、广州珠江黄埔大桥（壁厚120cm）、武汉阳逻长江大桥（壁厚150cm）及南京长江四桥（壁厚150cm）等等。

4 沉井井壁的厚度，与下沉深度、土的摩阻力及施工方法有密切关系。本款提出的规定基于以下两方面考虑：一是《公路桥涵地基与基础设计规范》（JTG D63—2007）第6.2.3条规定沉井壁厚可采用0.8~1.5m；二是国内江阴长江大桥北锚和泰州长江大桥锚碇均采用大型沉井基础，其中，江阴长江大桥北锚沉井基础内墙厚100cm，外墙厚200cm，泰州长江大桥锚碇沉井基础内墙厚220cm，外墙厚240cm。

8.3.7 隧道式锚碇构造设计应遵循充分发挥围岩作用、易于开挖和支护、减小开挖量、降低规模等原则，并应符合下列规定：

1 锚塞体宜设计为前小后大的楔形体，横断面顶部宜用圆弧形。

2 锚塞体的截面尺寸应根据锚固系统和索股锚固构造布置确定。锚塞体长度应根据其断面尺寸、缆力大小、锚塞体倾角、围岩受力性能等综合确定。

3 洞室开挖应视围岩类别对洞壁进行支护设计，支护应根据洞室围岩稳定性要求进行计算后确定。

4 锚碇衬砌的施工缝处、锚塞体与衬砌的施工缝处宜设置止水构造。

条文说明

3 支护开挖设计中，为保证围岩稳定，减少因隧洞间距离小导致围岩变形、爆破扰动等不利因素的影响，需结合有限元数值分析明确开挖步骤，提出爆破开挖控制参数和爆破效果要求。

8.3.8 岩锚锚固段长度应根据主缆拉力和围岩体强度确定。

8.3.9 锚固系统构造设计应满足下列要求：

1 型钢拉杆锚固系统宜采用型钢或钢板通过焊接或栓接而成。锚梁可分段制造，在工地螺栓连接。锚梁与锚杆宜采用螺栓连接。锚杆表面应进行无黏结处理。

2 预应力锚固系统预应力筋宜采用高强度钢绞线或高强度粗钢筋，预应力筋可设置成可更换式和不可更换式两种。索股锚固连接器应满足锚固预应力筋和连接拉杆的构造需要。

3 索股与锚固系统连接的拉杆长度应考虑索股长度调整量和千斤顶张拉空间的需要。

4 锚固系统应设置足够刚度的定位支架保证锚固系统的精度。

8.4 结构计算

8.4.1 锚碇的稳定性应满足表 8.4.1 的规定。

表 8.4.1 锚碇抗倾覆和抗滑动稳定性系数

作用组合		验算项目	稳定性系数
使用阶段	永久作用、汽车、人群和温度的标准值效应组合	抗倾覆 K_0	2.0
		抗滑动 K_a	2.0
	永久作用、地震作用的标准值效应组合	抗倾覆 K_0	1.2
施工阶段各种作用的标准值效应组合		抗滑动 K_a	1.6

注：地下水浮力参与作用组合时，其效应值按实际情况考虑。

条文说明

由于重力式锚碇需承受较大的水平力和上拔力，对其抗倾覆和抗滑稳定性要求较高，因此根据《公路桥涵地基与基础设计规范》（JTG D63—2007）的规定，参考日本本四联络公团重力式基础设计基准，确定了锚碇抗倾覆和抗滑动稳定性系数。

8.4.2 锚碇前、后端基底在施工、运营阶段应不出现拉应力，最大应力值 P_{max} 应符合式（8.4.2）的要求，P_{max}、γ'_R、$[f_a]$ 应按现行《公路桥涵地基与基础设计规范》（JTG D63）的有关规定执行。

$$P_{max} \leqslant \gamma'_R [f_a] \tag{8.4.2}$$

式中：γ'_R——抗力系数；

$[f_a]$——地基承载力容许值。

8.4.3 运营阶段锚碇允许水平变位不宜大于 0.0001 倍的主跨跨径，竖向变位不宜大于 0.000 2 倍的主跨跨径。

条文说明

在非岩石地基条件下，锚碇在承受主缆拉力时不可避免地要发生水平位移和沉降变位，而在成桥状态锚碇的变位将对全桥受力产生影响，需要引起设计足够的重视。除了在结构措施上使其有较强的抵抗变位的能力外，还要研究锚碇变位对全桥受力的影响，从而提出合适的变位限值。

日本本四联络桥公团以主跨跨径 1 000～1 500m 的悬索桥为对象，规定长大跨径悬索桥锚碇的水平位移的容许值为 0.000 17 倍的主跨跨径。另外，本四标准要求水平位移或竖向变位引起的塔底应力不超过其容许应力的 5%。

江阴长江大桥设计时，通过对水平变位、竖向沉降对结构受力的影响研究，确定了北岸锚碇（基础为沉井基础）变位限值水平位移为 0.1m，沉降为 0.2m。采用这一数值，也同时考虑了锚碇变位不会引起过大的加劲梁挠度。

丹麦大贝尔特桥也做了类似的研究，预计水平位移在开通一年后为 0.1m，实际观测的数值仅为 0.03m。

按照日本本四联络桥的经验，以索塔受力作为评判锚碇变位的控制原则。日本规范多针对钢塔，其刚度较小、容许变位的能力要强。因此，参考江阴长江大桥的分析成果，推荐锚碇允许水平变位按照不大于 0.000 1 倍的主跨跨径控制，竖向变位按照不大于 0.000 2 倍的主跨跨径控制。

8.4.4 重力式锚碇应验算锚块最不利截面的剪切强度，对锚碇实体部位宜采用三维有限元方法验算。

条文说明

参照国外相关标准规定，重力式锚碇需验算锚块最不利截面的抗剪承载力，最不利截面位置可参见图 8-3 中Ⅰ-Ⅰ、Ⅱ-Ⅱ断面或选择其他更不利位置。

8.4.5 隧道式锚碇结构计算应满足下列要求：

1 岩体的物理力学参数及结构面抗剪强度宜通过室内或现场试验获得；无实测数据时，可按现行《公路隧道设计规范》（JTG D70）确定。
2 应计算隧道式锚碇开挖阶段稳定性、锚塞体的承载能力、围岩变形和塑性区分布。
3 锚塞体抗拔安全系数不应小于 2.0，围岩稳定安全系数不应小于 4.0。
4 应对锚体—围岩进行筒体抗剪强度验算，包括竖直截面抗剪和斜截面抗剪。

条文说明

1 围岩类别及相应的力学参数通常利用综合勘察技术手段、较大比例的缩尺拉锚试验和数值反演模拟，评估岩体节理、岩溶地区溶蚀影响，并结合参数敏感性分析合理确定。

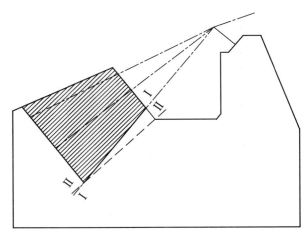

图 8-3　锚块或锚塞体最不利斜剪切面示意图

3　国内部分悬索桥隧道式锚碇锚塞体抗拔安全系数采用式（8-1）进行初步估算：

$$K = \frac{f'W_F + C'A + W_L}{P} \qquad (8-1)$$

式中：K——抗滑（拉拔）稳定系数；

　　f'——接触面抗剪断摩擦系数；

　　C'——接触面（或结合面）的抗剪断黏聚力（kPa）；

　　A——接触面积（m²）；

　　P——主缆拉力设计值（kN）；

　　W_F——结构自重垂直于滑动面的分量（kN）；

　　W_L——结构自重沿拉拔方向的分量（kN）。

在采用岩土力学数值模型计算锚塞体和围岩的承载能力之前，参照水工结构混凝土坝体抗滑移稳定验算的抗剪强度公式，对锚塞体长度进行初步估算，验算隧道式锚碇的整体稳定性。公式计入了锚体混凝土与岩体的黏聚力的有利影响。

围岩稳定安全系数需要通过数值仿真模型进行分析后确定。由于岩石质量参数不易确定，缩尺效应及岩体塑性区破坏的影响存在一定的不确定性，因此围岩稳定安全系数宜偏保守取值。

考虑到锚塞体受力较为复杂，且每个工程的岩体参数差异非常大，难以采用统一的公式进行合理估算，需采用有限元模型进行计算。

8.4.6　岩锚预应力值不宜超过 0.6 倍的岩锚标准抗拉强度。

条文说明

采用预应力岩锚时，岩锚预应力过大将会使岩体产生不利的变形和附加应力。国内类似工程的相关试验和分析表明，当岩锚初始预应力值大于 0.6 倍岩锚标准抗拉强度时，岩锚与岩体之间将出现较大的相对滑移。因此基于预应力岩锚的预应力损失和耐久性方面的考虑，岩锚施加的预应力不宜太高。预应力岩锚的计算分析可参照《岩土锚杆（索）技术规程》（CECS 22:2005）的有关规定。

8.4.7 应采用三维有限元方法计算散索鞍支墩、锚固系统锚固面的承载能力。

条文说明

散索鞍支墩及锚固系统前后锚面承受较大压力，应力集中现象突出，而常规计算不能反映真实应力状态，需按三维有限元方法进行分析。

8.4.8 型钢拉杆锚固系统锚杆的受力应计入索股方向与锚杆轴线的偏差及双束锚杆两侧拉力差的影响，锚梁翼缘面直接承压的混凝土应进行局部承压验算。

8.4.9 预应力锚固系统结构计算应满足下列要求：
1 预应力钢筋施加的预拉力值不应小于主缆索股设计拉力 N_s 的1.2倍。
2 拉杆设计计算时，应计入10%的偏载系数，且应计入拉杆与索股拉力方向安装偏角产生的附加弯矩。
3 锚固系统的拉杆和锚固预应力筋的承载力应符合式（8.4.9）的要求：
$$\gamma_0 \sigma_d \leqslant f_d \quad (8.4.9)$$
式中：γ_0——结构重要性系数；
σ_d——锚固系统的拉杆和锚固预应力筋应力设计值；
f_d——锚固系统的拉杆和预应力筋的强度设计值，预应力钢束强度设计值按现行《公路钢筋混凝土及预应力混凝土桥涵设计规范》（JTG D62）的规定选用，拉杆强度设计值在现行《公路钢筋混凝土及预应力混凝土桥涵设计规范》（JTG D62）设计值的基础上乘以折减系数0.82。
4 主缆索股锚固连接器应进行承压和抗剪验算。

条文说明

1 要求施加的预拉力值不应低于主缆索股设计拉力的1.2倍，其目的是使预应力锚固体系始终保持对锚体的预压状态。

9 主缆

9.1 一般规定

9.1.1 主缆用镀锌高强度钢丝直径 d_w 宜在 4.5~5.5mm 内。

条文说明

直径 5mm 左右的钢丝生产工艺成熟、设备已配套定型，可降低生产成本。

9.1.2 主缆施工方法可选择预制平行索股法（PPWS 法）或空中纺线法（AS 法）。预制平行索股的技术指标应符合现行《悬索桥预制主缆丝股技术条件》（JT/T 395）的规定。

9.1.3 主缆设计空隙率可按表 9.1.3 的规定选用。

表 9.1.3　主缆设计空隙率

架设方法	一般截面空隙率 V（%）	索夹内截面空隙率 V_c（%）
PPWS 法	18~20	16~18
AS 法	19~22	17~20

条文说明

主缆外径是索夹设计的依据，需选定主缆的设计空隙率用以确定主缆外径。

主缆理论最小空隙率为 9.3%，条文中表列范围参考了国外相关标准规定及国内外实桥的采用值。

表 9-1 列出了国内外几座悬索桥的主缆设计空隙率。

表 9-1　典型悬索桥的空隙率

桥　名	主缆直径（mm）	施工方法	空隙率（%） 索夹部位	空隙率（%） 一般部位
华盛顿大桥（美国）	914.4	AS	21.2	22.7
金门大桥（美国）	909.3	AS	17.4	19.4
福斯桥（英国）	596.0	AS	18.9	21.7

续表9-1

桥 名	主缆直径（mm）	施工方法	空 隙 率（%）	
			索夹部位	一般部位
新港大桥（美国）	388.6	PPWS	18.6	21.5
关门桥（日本）	660	PPWS	16.8	19.5
明石海峡大桥（日本）	1 122	PPWS	18	20
香港青马大桥（中国）	1 099	AS	18	20
广东虎门大桥（中国）	687.2	PPWS	18	20
江阴长江大桥（中国）	897	PPWS	16	18
厦门海沧大桥（中国）	563	PPWS	16	18

9.2 结构形式

9.2.1 悬索桥宜采用双主缆，必要时也可采用四根主缆。

条文说明

悬索桥推荐采用在加劲梁两侧各布置一根双主缆。当由于主缆太粗、架设困难或者工期限制等原因使得一侧布置一根主缆存在困难时，也可在加劲梁两侧各布置两根主缆。

9.2.2 采用空中纺线法（AS法）架设主缆时，可采用如图9.2.2所示断面。

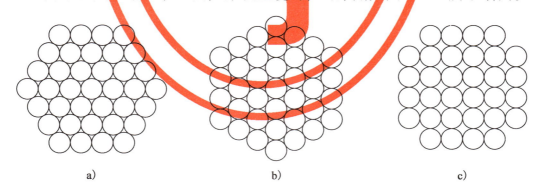

a)　　　　　　　　b)　　　　　　　　c)

图9.2.2　采用AS法时主缆索股排列形式

9.2.3 采用预制平行索股法（PPWS法）架设主缆时，索股中的钢丝数量可采用91丝、127丝等。主缆索股宜排列成正六边形，如图9.2.3所示。

条文说明

目前大多数悬索桥采用平行钢丝束组成的圆形主缆断面，外部进行缠丝防护。目的是为了能形成圆形的主缆断面，同时便于架设。

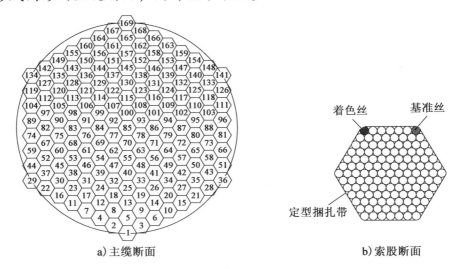

图 9.2.3　采用 PPWS 法时主缆索股排列形式及索股断面

9.3　构造要求

9.3.1　采用空中纺线法（AS 法）施工时，钢丝应采用可靠的接长方法。接头应均匀地沿主缆全长布置，主缆同一截面上的接头数不得多于 1 个，相邻两接头沿主缆轴线方向的间距不得小于 3m。锚靴、索夹、鞍槽及其相邻 1m 范围内不允许有接头。

9.3.2　锚靴构造应满足钢丝嵌入要求，锚靴凹槽底部半径不应小于主缆钢丝直径 d_w 的 70 倍。

9.3.3　采用空中纺线法（AS 法）施工时，索股沿长度方向每隔 2～4m 应设置一道定型捆扎带，各索股的定型捆扎带应错开布置。

9.3.4　主缆应通过紧缆工序确保主缆设计空隙率，紧缆后宜每隔 1m 左右设置镀锌扁钢带临时捆扎主缆。

9.4　结构计算

9.4.1　构件强度验算除应符合本节规定外，尚应符合现行《公路钢结构桥梁设计规范》（JTG D64）的有关规定。

9.4.2　在永久作用、汽车荷载、人群荷载、温度作用效应组合下，主缆钢丝的应力设计值应符合式（9.4.2）的要求。

主　缆

$$\gamma_0 \sigma_d \leqslant f_d \tag{9.4.2}$$

式中：σ_d——主缆钢丝应力设计值（MPa）；

f_d——主缆钢丝的抗拉强度设计值（MPa），$f_d = \dfrac{f_k}{\gamma_R}$；

f_k——主缆钢丝的抗拉强度标准值（MPa），按有关规定取值；

γ_R——材料强度分项系数，按有关规定取值。

9.4.3 主缆线形及长度计算应满足下列要求：

1 主缆线形和长度宜采用分段悬链线方程计算，中小跨径悬索桥也可采用抛物线方程计算。

2 主缆预制索股制作长度应按主缆实测索股弹性模量值进行计算，并计入索鞍处的曲线修正、锚跨段索股空间角度修正及地球曲率修正。

3 主缆预制索股制作长度应计入由制作误差、架设误差、计算误差及地球曲率影响等引起的长度预留量。

9.4.4 锚头验算应满足下列要求：

1 锚头锚杯内钢丝锚固长度应满足锚固强度的要求，铸锚可按式（9.4.4-1）计算。

$$l_{sae} \geqslant \frac{0.625 f_k}{\lambda} d_w \tag{9.4.4-1}$$

式中：l_{sae}——主缆钢丝在锚杯内的锚固长度（mm），如图 9.4.4 所示；

f_k——钢丝抗拉强度标准值（MPa）；

λ——单根钢丝与铸体材料在单位面积上的附着强度；无试验资料时，铸体材料为热铸料，可取 $\lambda = 25\,\text{MPa}$；铸体材料为冷铸料，可取 $\lambda = 18\,\text{MPa}$；

d_w——钢丝直径（mm）。

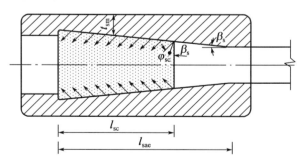

图 9.4.4　锚杯与铸体材料相互作用示意图

2 锚杯的承载能力极限状态应按式（9.4.4-2）计算，锚杯与铸体材料相互作用示意如图 9.4.4 所示。

$$\gamma_0 \sigma_t \leqslant f_d \tag{9.4.4-2}$$

式中：σ_t——锚杯的环向应力设计值（MPa）；

f_d——锚杯材料的抗拉强度设计值（MPa）。

3 锚杯的环向应力设计值可按式（9.4.4-3）和式（9.4.4-4）计算。

$$\sigma_t = \frac{F_t}{l_{sc} t_{sm}} \quad (9.4.4\text{-}3)$$

$$F_t = \frac{N_s}{2\pi \tan(\varphi_{sc} + \beta_s)} \quad (9.4.4\text{-}4)$$

式中：l_{sc}——锚杯内铸体材料的有效长度（mm），$l_{sc} = \frac{2}{3} l_{sae}$；

F_t——锚杯环向拉力设计值（N），可按式（9.4.4-4）计算；

t_{sm}——铸体材料有效长度内锚杯的平均壁厚（mm）；

N_s——索股拉力组合设计值（N）；

φ_{sc}——锚杯内铸体上压力线与锚杯内锥面母线的夹角；铸体材料为热铸料时，可取 $\tan\varphi_{sc} = 0.2$；铸体材料为冷铸料时，可取 $\tan\varphi_{sc} = 0.45$；

β_s——锚杯内锥面母线与轴线的夹角，$\tan\beta_s = 1/8 \sim 1/12$；铸体材料为热铸料时，斜度宜取高值；铸体材料为冷铸料时，斜度宜取低值。

10 吊索

10.1 一般规定

10.1.1 镀锌钢丝绳吊索、镀锌高强度钢丝吊索的技术条件应符合现行《公路悬索桥吊索》(JT/T 449) 的规定。

10.1.2 短吊索长度的确定应考虑由于主缆与加劲梁之间的相对位移所产生的附加应力的影响。

10.1.3 在吊索下料制造前，应根据实际空缆线形、加劲梁实际重量及吊索实测弹性模量，对吊索的无应力长度进行修正。

条文说明

施工图设计阶段计算吊索无应力长度时所依据的空缆线形、加劲梁重量及吊索弹性模量均为理论设计值，在施工阶段，需根据实测值，重新核定吊索无应力长度，以满足加劲梁成桥线形的要求。

10.1.4 吊索设计时应考虑换索的需要。

10.2 结构形式

10.2.1 吊索与主缆的连接可采用骑跨式 [图 10.2.1a)] 或销接式 [图 10.2.1b)]。索夹和加劲梁之间的纵、横向位移较大时，宜采用骑跨式；主缆直径较小时，为避免吊索过大的弯折应力，宜采用销接式。

条文说明

骑跨式吊索的材料多采用镀锌钢丝绳，销接式吊索的材料采用镀锌钢丝绳或镀锌高强度钢丝。

10.2.2 吊索与加劲梁的连接可采用锚头承压式 [图 10.2.2a)] 或销接式 [图 10.2.2b)]。

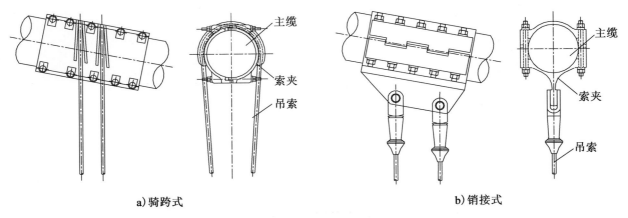

图 10.2.1　吊索与主缆连接

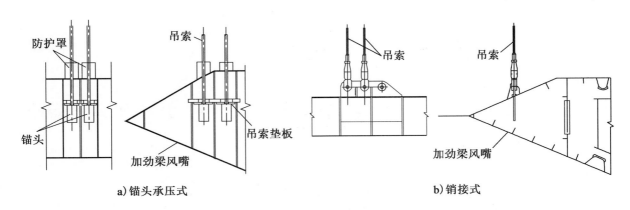

图 10.2.2　吊索与加劲梁连接形式

条文说明

采用销接式时，可在短吊索的销轴和加劲梁耳板之间设置关节轴承，以适应加劲梁横向摆动时吊索与加劲梁之间的转角，减小吊索的弯折应力，如舟山连岛工程西堠门大桥、南京长江四桥。

10.3　构造要求

10.3.1　骑跨式吊索的弯曲半径不宜小于吊索直径的 7.5 倍。

条文说明

骑跨式吊索在主缆上的弯曲会产生弯折应力，为减小弯折应力，使吊索强度有适当的安全储备，需加大吊索骑跨主缆的弯曲半径。

10.3.2　承压式锚头通过承压板与加劲梁的锚箱连接，如图 10.3.2-1 所示；销接式锚头通过叉形耳板，利用销轴与加劲梁耳板连接，如图 10.3.2-2 所示。

吊索

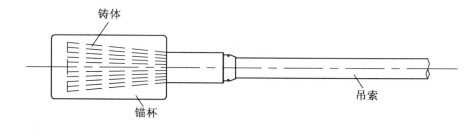

图 10.3.2-1 承压式锚头构造示意图

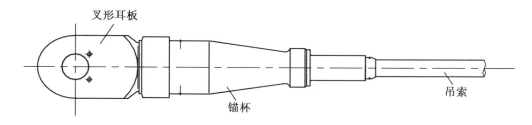

图 10.3.2-2 销接式锚头构造示意图

10.3.3 在锚杯与吊索、叉形耳板的连接处，应采用密封材料、密封圈、密封压环等进行密封处理。

条文说明

图 10-1 为某悬索桥吊索的锚杯密封设计，供参考。

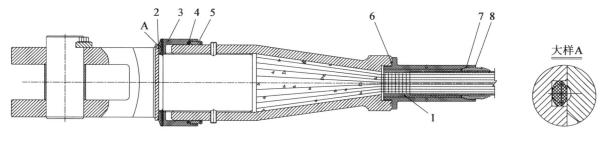

图 10-1 锚杯密封构造示意图

1-密封填料；2-O 形密封圈；3-防水盖；4-O 形密封圈；5-吊索处密封压环；6-O 形密封圈；7-密封胶圈；8-锚杯处密封压环

10.3.4 销接式吊索的锚头、叉形耳板、销轴之间，以及吊索销轴与索夹的耳板之间，应确定适宜的公差和配合。

条文说明

吊索的不同构件，在安装、运营期间有不同的精度要求，应根据其具体情况，选择适宜的公差和配合，包括尺寸公差、形状公差、位置公差、间隙配合、过盈配合和过渡配合等。

10.3.5 吊索长度超过 20m 时，同一索夹的吊索之间宜设置减振夹。

条文说明

据国内外已建悬索桥资料总结，索塔附近的长吊索在低风速下将产生自激振动（涡振），特别是双肢吊索位于下风方向的索会产生尾流振动。习惯上的做法是在吊索长度超过 20m 时，将两肢吊索用夹具（也称减振器）连接，以起到抑制振动的作用。

10.3.6 高强度钢丝吊索的 PE 防护层表面宜设置螺旋线或凹坑等。

条文说明

改变吊索表面光滑度可有效抑制长吊索的风致振动。

10.3.7 销接式吊索宜设置长度调节构造。

条文说明

除按本规范第 10.1.3 条的要求消除吊索长度架设误差外，尚宜通过吊索上的长度调节构造，消除吊索长度制造误差。

10.4 结构计算

10.4.1 构件强度验算除应符合本节规定外，尚应符合现行《公路钢结构桥梁设计规范》（JTG D64）的规定。

10.4.2 骑跨式吊索及销接式吊索的抗拉强度验算应满足下列要求：

1 高强度钢丝吊索承载力计算应满足式（10.4.2-1）的要求，钢丝绳吊索承载力计算应满足式（10.4.2-2）的要求。

$$\frac{\gamma_0 N_d}{A} \leqslant f_{dd} = \frac{f_k}{\gamma_R} \qquad (10.4.2\text{-}1)$$

$$\gamma_0 N_d \leqslant f'_{dd} = \frac{f'_k}{\gamma_R} \qquad (10.4.2\text{-}2)$$

式中：N_d——轴向拉力设计值（N）；

A——高强度钢丝吊索的截面面积（mm^2）；

f_{dd}——高强度钢丝抗拉强度设计值（MPa）；

f_k——高强度钢丝抗拉强度标准值（MPa）；

f'_k——钢丝绳最小破断力（N）；

f'_{dd}——钢丝绳最小破断拉力设计值（N）；

γ_R——吊索材料强度分项系数,骑跨式吊索取2.95,销接式吊索取2.2。

2 大修状况(更换吊索)下相邻吊索的承载力计算,高强度钢丝吊索应满足式(10.4.2-3)的要求,钢丝绳吊索应满足(10.4.2-4)的要求。

$$\frac{\gamma_0 N_d}{A} \leqslant f_{xd} = \frac{f_k}{\gamma_x} \qquad (10.4.2\text{-}3)$$

$$\gamma_0 N_d \leqslant f'_{xd} = \frac{f'_k}{\gamma_x} \qquad (10.4.2\text{-}4)$$

式中:f_{xd}——大修状况下高强度钢丝抗拉强度设计值(MPa);

f'_{xd}——大修状况下钢丝绳最小破断拉力设计值(N);

γ_x——大修状况下吊索材料强度分项系数,骑跨式吊索取1.85,销接式吊索取1.33。

3 施工过程中,高强度钢丝吊索承载力计算应满足式(10.4.2-5)的要求,钢丝绳吊索承载力计算应满足(10.4.2-6)的要求。

$$\frac{\gamma_0 N_d}{A} \leqslant f_{sgd} = \frac{f_k}{\gamma_{sg}} \qquad (10.4.2\text{-}5)$$

$$\gamma_0 N_d \leqslant f'_{sgd} = \frac{f'_k}{\gamma_{sg}} \qquad (10.4.2\text{-}6)$$

式中:f_{sgd}——施工过程中高强度钢丝抗拉强度设计值(MPa);

f'_{sgd}——施工过程中钢丝绳最小破断拉力设计值(N);

γ_{sg}——施工过程中吊索材料强度分项系数,骑跨式吊索取1.47,销接式吊索取1.1。

10.4.3 吊索锚头验算应按本规范第9.4.4条的规定进行。

10.4.4 对叉形耳板,除应按现行《公路钢结构桥梁设计规范》(JTG D64)进行平行受拉方向、垂直受拉方向的应力验算以外,尚应对孔壁承压、应力集中构件进行验算。对销轴,应进行剪切、弯拉、扭转以及局部承压验算。

11 索夹

11.1 一般规定

11.1.1 主缆在吊索处应设置索夹，在边跨无吊索段应设置紧固索夹，靠近索鞍段应设置锥形封闭索夹。

11.1.2 有吊索处的索夹长度、螺杆数量应根据吊索索力、吊索处主缆的倾角进行分类设计。

条文说明
　　由于主缆的倾角是变化的，不同位置索夹的夹紧螺杆和索夹长度并不相同，根据倾角变化划分范围，对索夹进行分类设计可减少铸造模具种类，降低成本，方便设计与施工。

11.1.3 紧固索夹宜每隔10~20m设置一个。

11.1.4 索夹可采用骑跨式或销接式。当索夹外径（半径）小于7.5倍吊索直径时，宜选用销接式索夹。

11.1.5 索夹壁厚宜取35~50mm。

11.2 结构形式

11.2.1 全桥宜采用相同类型的索夹。

11.2.2 骑跨式索夹宜采用左右对合型，如图11.2.2所示。

11.2.3 销接式索夹宜采用上下对合型，如图11.2.3所示。

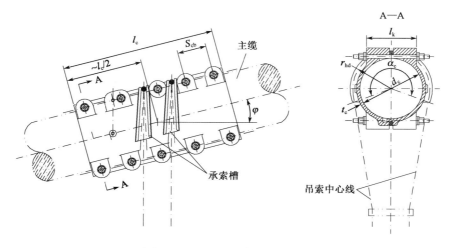

图 11.2.2 左右对合型索夹结构

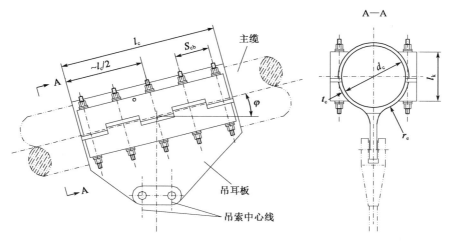

图 11.2.3 上下对合型索夹结构

11.3 构造要求

11.3.1 索夹应满足下列构造要求：

1 索夹内孔的两端、锥形封闭索夹的小端，应设置用于嵌入主缆防护用缠绕钢丝的环向凹槽。

2 在索夹的对合面上应设置用于轴向定位的嵌合构造，嵌合构造的嵌合量及间隙应能满足索夹内主缆设计空隙率在 V_c（1±3%）范围内的变化要求。

3 索夹上应设置用于安装主缆检修道立柱的构造。

11.3.2 骑跨式索夹应满足下列构造要求：

1 承索槽在索夹上的包角 α_c（图 11.2.2）应大于吊索在索夹上的实际包角。

2 索夹承索槽底部弯曲半径 r_{hd}（图 11.2.2）应满足式（11.3.2）的要求。

$$r_{hd} = \frac{d_c}{2} + t_c + \Delta_{tc} \geq 7.5 d_h \qquad (11.3.2)$$

式中：t_c——索夹壁厚（mm）；

d_c——索夹内孔直径（mm）；

Δ_{tc}——承索槽下的壁厚增厚（图11.3.2）（mm），可在 $0 \sim t_c$ 范围内取值；

d_h——钢丝绳吊索公称直径（mm）。

3 承索槽宜设置在索夹中部，其张开角 β_c（图11.3.2）宜为 6°~7°。全桥吊索索夹的 β_c 宜采用同一设计值。

图11.3.2 承索槽构造

4 承索槽（图11.3.2）应满足下列构造要求：
1）槽深 h 不应小于吊索钢丝绳公称直径 d_h。
2）槽壁根部厚度 δ 宜与索夹壁厚 t_c 相等。
3）槽内圆弧半径 r_c 宜为吊索钢丝绳公称半径的 1~1.05 倍。
4）槽外壁应按铸造要求设置相应的拔模斜度。

条文说明

1 在施工过程中，索夹倾角随主缆线形的变化而改变。为避免吊索受承索槽槽壁的限制而出现弯折，承索槽的张开角应能适应索夹倾角的变化。

2 针对骑跨式吊索钢丝绳的受力性质，其动载应力幅不超过其最大工作应力的30%，且在使用过程中无任何运动和摩擦。参照《起重机设计规范》（GB 3811）和国际标准 ISO/DIS 4308，吊索钢丝绳相应的工作级别应为 M3~M4 级，对应的 h 值（$h = D_{min}/d_s$，D_{min} 为钢丝绳中心线处计算的环绕直径，d_s 为钢丝绳公称直径）为 14~16。故在此规定 $r_{hd} = d_c/2 + t_c + \Delta_{tc} \geq 7.5 d_h$，已足够安全。

Δ_{tc} 取值过厚会造成铸件壁厚相差过多，易出现铸造缺陷，故规定 Δ_{tc} 应在 $0 \sim t_c$ 范围内取值。

11.3.3 销接式索夹应满足下列构造要求：

1 索夹耳板的中心平面应与索夹轴向竖直中心平面相重合，吊索合力中心线宜通过索夹中部。

2 索夹耳板的厚度不应小于索夹壁厚 t_c 的2倍，索夹耳板与索夹壁间的过渡圆弧半径 r_e（图11.2.3）应大于索夹壁厚 t_c 的6倍。

11.3.4 锥形封闭索夹的大、小端的直径应能适应主缆直径的变化。锥形封闭索夹的大端应设置连接主缆缆套的环向凸台。

条文说明

锥形封闭索夹是离索鞍（主索鞍或散索鞍）最近的索夹。由于鞍槽内索股隔板厚度一般为 4.5~5.5mm，故鞍槽总宽度大致是索夹处主缆直径的 1.17 倍。为了尽量减小主缆钢丝的二次应力，一般情况下，锥形封闭索夹内孔的斜度（ε）设计为 1:(75~100)。而索夹处主缆直径为 d_c，则锥形封闭索夹小口至鞍槽口的轴向长度（L'）为：

$$L' = \frac{(1.17-1)d_c}{2\varepsilon} = \frac{0.085 d_c}{\varepsilon}$$

或

$$L' = (6.4 \sim 8.5)d_c$$

11.3.5 锥形封闭索夹与主塔中心线最小水平距离不宜小于10倍的索夹处主缆设计直径。

11.3.6 索夹螺杆长度应考虑主缆空隙率的正误差；垫圈应采用双层球型构造。

条文说明

紧缆完成后安装索夹第一次张拉螺杆时是影响索夹螺杆长度的控制工况，此时加劲梁及桥面系荷载尚未施加，主缆直径最大；若同时考虑主缆空隙率的正误差，则此工况要求的螺杆长度最长。

11.3.7 吊索上端叉形耳板与销接式索夹耳板之间的竖向空隙，应能适应吊索在施工及运营期间的转动。

11.3.8 销接式索夹吊索的销轴衬套与索夹耳板的开孔之间应采用过渡配合；销轴与衬套之间应采用间隙配合。

11.3.9 紧固件的配合及公差应满足下列要求：

1 索夹螺杆宜设计成缩腰形螺杆，其握距 l_k（图11.2.2、图11.2.3）不应小

于 $0.7d_c$。

2 索夹螺杆沿索夹轴向的间距 S_{cb}（图 11.2.2、图 11.2.3）应满足张拉千斤顶安装空间要求。

11.4 结构计算

11.4.1 索夹内孔设计直径 d_c 应按式（11.4.1）确定。

$$d_c = \sqrt{\frac{d_w^2 \times n_{tot}}{1 - V_c}} \qquad (11.4.1)$$

式中：d_w——主缆的钢丝直径（mm）；
n_{tot}——单根主缆中钢丝总根数；
V_c——主缆在索夹内的设计空隙率。

11.4.2 索夹紧固验算应满足下列要求：

1 吊索索夹的抗滑系数计算应满足式（11.4.2-1）的要求。

$$K_{fc} = \frac{F_{fc}}{N_c} \geqslant 3 \qquad (11.4.2\text{-}1)$$

式中：K_{fc}——索夹抗滑系数；
N_c——主缆上索夹的下滑力（N），$N_c = N_h \sin\varphi$；
N_h——吊索拉力（N），按作用标准值计算；
φ——索夹在主缆上的安装倾角（图 11.2.2、图 11.2.3），按同类索夹中的最大值计算；
F_{fc}——索夹抗滑摩阻力（N），$F_{fc} = k\mu P_{tot}$；
k——紧固压力分布不均匀系数，取 2.8；
μ——摩擦系数，取 0.15；
P_{tot}——索夹上螺杆总的设计夹紧力（N），按式（11.4.2-2）计算；

$$P_{tot} = n_{cb} P_b^c \qquad (11.4.2\text{-}2)$$

n_{cb}——索夹上安装的螺杆总根数；
P_b^c——索夹上单根螺杆设计夹紧力（N）。

2 吊索索夹在首次安装时，索夹上单根螺杆安装夹紧力 P_b 应按式（11.4.2-3）计算确定。

$$P_b = \frac{P_b^c}{0.7} \qquad (11.4.2\text{-}3)$$

3 螺杆的有效面积 A_{cb} 应按式（11.4.2-4）计算。

$$A_{cb} \geqslant \frac{2P_b^c}{\sigma_{ycd}} \qquad (11.4.2\text{-}4)$$

式中：σ_{ycb}——螺杆材料的屈服强度（MPa）。

4 应验算螺纹的抗弯、抗剪强度。

5 紧固索夹上的单根螺杆设计夹紧力宜采用吊索索夹上的单根螺杆设计夹紧力 P_b^c。

条文说明

1 小西一郎所著的《钢桥》中,描述了华盛顿桥对 μ 进行实际测试的情况,认为 μ 取 0.2 已足够安全,但在其他文献中,对于钢与钢之间的摩擦系数通常采用 $\mu=0.15$。本规范采用了后一种取值。

11.4.3 索夹强度应按式(11.4.3-1)验算。

$$\sigma \leqslant f'_d \qquad (11.4.3\text{-}1)$$

式中:σ——索夹材料计算应力,按式(11.4.3-2)计算;

$$\sigma = \frac{P_{tot}}{2t_c l_c} \qquad (11.4.3\text{-}2)$$

l_c——索夹长度(mm);

f'_d——索夹材料强度设计值,其中铸钢强度设计值在表 3.3.9 设计值的基础上乘以折减系数 0.45,锻钢在表 3.3.9 设计值的基础上乘以折减系数 0.41。

12 索鞍

12.1 一般规定

12.1.1 索鞍可分为主索鞍、散索鞍、散索套及转索鞍。

条文说明

主索鞍设置在索塔顶部。当主缆主跨和边跨的索股数量不等时，需设置锚梁将不等量索股锚固于主索鞍上。

散索鞍设于边跨与锚跨之间的散索鞍墩上，通常散索鞍墩是锚体的一部分。

散索套在实桥采用较少，美国金门大桥采用了散索套，我国西南地区小跨径悬索桥上亦有采用散索套的实例。在采用了散索套取代散索鞍后，锚碇的前、后锚固面可抬高，使得整个锚体也可相应抬高，故可减少锚碇基础的开挖工作量，有一定的经济效益。散索套会使边跨主缆的计算长度加长，边跨主缆的任何位移或变形，将直接反映到主缆索股的锚固结构上，这在索股锚固的结构设计上需予以充分考虑。在主缆索股架设时还需有妥善的施工方法、测量精度和工艺，以使得边跨主缆各索股的线形达到设计要求，成缆后安装散索套，在施工上存在一定困难。

转索鞍只有在边跨主缆需要转折时才设置，其构造及设计与散索鞍基本相同，不同的是主缆通过转索鞍后并不散开，其结构比散索鞍要简单。

12.1.2 索鞍设计应根据悬索桥的总体设计选择索鞍形式，充分体现经济合理、施工可行、维护方便等要求。

12.1.3 索鞍的钢结构设计除应符合本章规定外，尚应符合现行《公路钢结构桥梁设计规范》（JTG D64）的有关规定。

12.2 结构形式

12.2.1 当索塔为混凝土结构时，主索鞍宜采用肋传力的结构形式（图12.2.1-1）；当索塔为钢结构时，主索鞍宜采用外壳传力的结构形式（图12.2.1-2）。

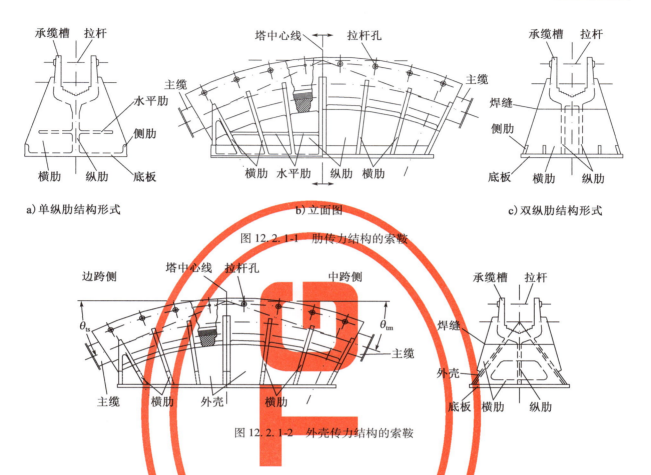

图 12.2.1-1 肋传力结构的索鞍

图 12.2.1-2 外壳传力结构的索鞍

条文说明

根据采用材料及成型方法的不同，索鞍可设计为全铸式、铸焊组合式以及全焊式。根据传力方式的不同，索鞍可设计为肋传力结构或外壳传力结构。

12.2.2 根据吊装需要，主索鞍可设计为整体式或分体式，其鞍体与底座间可采用滚轴式或滑动式等移动摩擦副。

条文说明

由于悬索桥主缆的空缆线形与成桥线形有较大差别，因此，在主索鞍安装时，其位置一般要向边跨侧预偏一个距离。

对于钢索塔，主索鞍安装时相对索塔并不预偏，而是通过将索塔向边跨预拉，使塔顶向边跨有一预偏量，此预偏量应在索塔强度所允许的弹性变形范围内。在恒载施加过程中，逐步减小预拉力，最终使索塔位置恢复到设计位置。因此，钢索塔悬索桥的主索鞍，一般不设滚轴式或滑动式移动摩擦副。

对于混凝土索塔，由于索塔刚度较大，一般在安装时，将主索鞍的位置相对于索塔预偏（也可同时采用预拉索塔的方法减少相对预偏量，达到缩小塔顶尺寸的目的）。在恒载施加的过程中，逐步有控制地向中跨顶推主索鞍，最终使主索鞍就位到其设计位置。因此，混凝土索塔的悬索桥主索鞍，需要设置适应鞍座顶推的滚轴式或滑动式移动摩擦副。

主索鞍的顶推位移只是施工期间的一个过程，成桥后应将主索鞍与索塔固结定位。因此，适应于主索鞍顶推位移的运动装置是一个临时性结构，而滚轴式移动摩擦副结构相对复杂，故实桥中采用较少。

12.2.3 散索鞍可采用摆轴式（图12.2.3-1）、滚轴式（图12.2.3-2）或滑动式等移动摩擦副。

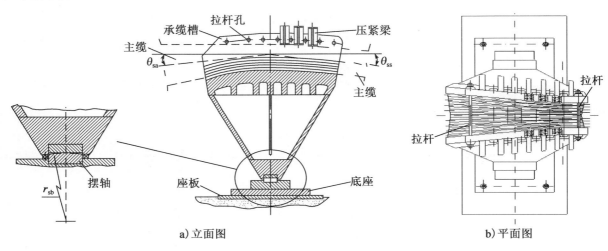

图12.2.3-1 摆轴式散索鞍

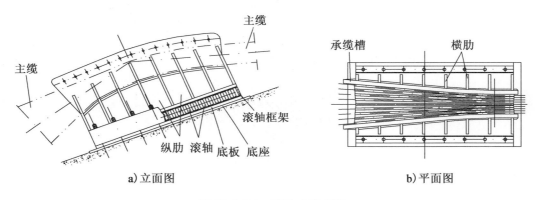

图12.2.3-2 滚轴式散索鞍

条文说明

悬索桥成桥后，由于温度、活载而产生的主缆缆力的变化在中跨可通过索塔、主缆、吊索等结构的变形协调来解决，而边跨的主缆线形的变化，只能由散索鞍的移动摩擦副来解决，因此，散索鞍下设置的移动摩擦副是一个永久性结构。其受力大小与主缆在散索鞍处的转角成正比。散索鞍下移动摩擦副形式的选择，需考虑其受力情况，通过计算确定。

12.3 构造要求

12.3.1 当主索鞍采用肋传力的结构形式时,纵肋、横肋的间距及数量、肋的厚度应根据本规范第 12.4.3 条规定确定。传力纵肋可按单肋设计;当承缆槽宽度大于 700mm 时,宜按双肋设计。

12.3.2 索鞍设计应满足下列规定:
1 承缆槽立面及平面的线形应与永久作用条件下的主缆线形相吻合。
2 承缆槽底部立面圆弧半径 r_v 不宜小于主缆设计直径 d_d 的 8 倍。
3 散索鞍承缆槽侧壁的平面圆弧半径 r_h 不应小于 $1.3r_v$,且各索股的平弯圆弧段应完全包容在该索股的竖弯圆弧段内。
4 施工状态和成桥状态的最不利受力状态下,主缆钢丝均应与鞍座的承缆槽有效相切,切点不得在承缆槽之外。

12.3.3 索鞍的承缆槽应按主缆索股的排列方式及数量设置隔板(图 12.3.3),隔板宜沿高度方向分层,可沿长度方向分块。

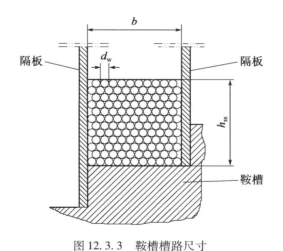

图 12.3.3 鞍槽槽路尺寸

12.3.4 承缆槽上部应设置夹紧拉杆,各槽路应采用锌填块填至顶面与中央列索股齐平。

12.3.5 当散索鞍鞍槽中主缆索股的竖弯转角小于 25°时,承缆槽顶部应设置压紧梁(图 12.2.3-1)。

12.3.6 塔顶主索鞍应设置限位装置。

12.4 结构计算

12.4.1 鞍槽尺寸（图12.3.3）应满足下列要求：

1 鞍槽的设计宽度 b 按式（12.4.1-1）计算。

$$b = n_{wt}(d_w + \Delta_{wr}) \quad (12.4.1\text{-}1)$$

式中：b——鞍槽的设计宽度（mm），按0.5mm取整；

n_{wt}——单排钢丝数量；

d_w——主缆钢丝直径（mm）；

Δ_{wr}——主缆钢丝直径的允许正偏差（mm）。

2 鞍槽中索股高度 h_{ss} 应满足式（12.4.1-2）的要求：

$$h_{ss} = \frac{\pi d_w^2 n_{ws}}{4b(1 - V_s)} \quad (\text{mm，按0.5mm取整}) \quad (12.4.1\text{-}2)$$

式中：n_{ws}——每根索股的钢丝根数；

V_s——鞍槽中索股的空隙率，且 $V_s = (1.02 \sim 1.10) V$，V 为主缆一般截面的设计空隙率。

3 鞍槽中索股的空隙率 V_s 按式（12.4.1-3）计算：

$$V_s = \left(1 - \frac{\pi d_w^2 n_{ws}}{4 b h_{ss}}\right) \times 100\% \quad (12.4.1\text{-}3)$$

12.4.2 鞍槽内主缆抗滑安全系数 K 应满足式（12.4.2）的要求（图12.4.2）。

图12.4.2 主缆抗滑验算图式

$$K = \frac{\mu \alpha_s}{\ln\left(\dfrac{F_{ct}}{F_{cl}}\right)} \geqslant 2 \quad (12.4.2)$$

式中：μ——主缆与槽底或隔板间的摩擦系数，宜取 $\mu = 0.15$；

α_s——主缆在鞍槽上的包角（rad）；

F_{ct}——主缆紧边拉力，按作用标准值计算（N）；

F_{cl}——主缆松边拉力，按作用标准值计算（N）。

条文说明

本条规定的抗滑条件，在 μ 和 K 取值的两个方面均是偏于保守的。在有条件进行抗滑试验的工程中，可进行抗滑试验研究，优化 K 和 μ 的取值，做到设计经济、合理、安全。

12.4.3 鞍体强度验算应满足下列要求：

1 鞍体验算时应考虑横肋的加劲作用；初步尺寸拟定可按本条计算方法进行，最终应采用空间分析验算。

2 缆力对鞍体作用力的模型转化如图 12.4.3 所示，纵向按单位长度计。

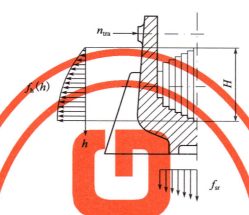

图 12.4.3 鞍体受力图式

1) 各列索股的向心压力 f_{sr} 可按式（12.4.3-1）计算：

$$f_{sr} = \frac{F_c n}{n_s r_v} \tag{12.4.3-1}$$

式中：F_c——单根主缆的拉力设计值，取边跨缆力和中跨缆力中的较大值（N）；
  n——该列索股根数；
  n_s——单根主缆中索股总股数；
  r_v——承缆槽底部立面圆弧半径（mm）。

2) 最高索股顶至计算高度 h 处的侧向压力 $f_h(h)$ 可按式（12.4.3-2）计算：

$$f_h(h) = \frac{f_v b (1 - e^{-\frac{2\mu h}{3b}})}{2\mu} \tag{12.4.3-2}$$

式中：μ——摩擦系数，宜取 0.15；
  f_v——中央列索股单位体积竖向力（N/mm³），可按式（12.4.3-3）计算；

$$f_v = \frac{F_c n_{sc}}{r_v n_s b H} \tag{12.4.3-3}$$

  n_{sc}——中央列索股股数；
  H——中央列索股总高度（mm）。

3) 高度 H 范围内的总侧向力 f_H 可按式（12.4.3-4）计算：

$$f_H = \frac{f_v b H}{2\mu} - \frac{3 f_v b^2 (1 - e^{-\frac{2\mu H}{3b}})}{4\mu^2} \tag{12.4.3-4}$$

4) 计算散索鞍鞍槽的总侧向力 f_{HS} 应计入主缆索股平弯产生的附加侧向力，可按式

（12.4.3-5）计算：

$$f_{HS} = f_H + \frac{F_c\left(1 - \dfrac{n_{sc}}{n_s}\right)}{2r_h} \qquad (12.4.3\text{-}5)$$

5）由侧压力 f_H 或 f_{HS} 产生的总弯矩 M_{fH} 可按式（12.4.3-6）计算：

$$M_{fH} = S\frac{f_n bH}{2\mu} + \frac{9f_n b^3\left(1 - e^{-\frac{2\mu H}{3b}}\right)}{8\mu^3} \qquad (12.4.3\text{-}6)$$

$$S = \frac{H}{2} - \frac{3b}{2\mu} \text{ (mm)}$$

6）沿单位弧长的鞍槽拉杆拉力 n_{tra} 可按式（12.4.3-7）计算：

$$n_{tra} = \frac{N_{sb}n_{sb}}{l_{sa}} \qquad (12.4.3\text{-}7)$$

式中：N_{sb}——单根拉杆力（N）；
　　　n_{sb}——拉杆根数；
　　　l_{sa}——拉杆中心处鞍槽侧壁的弧长（mm）。

3 可按下列荷载工况进行验算：
1）单根主缆拉力 F_c 为空缆缆力时，鞍槽侧壁未施加拉杆力（$n_{tra}=0$）的情况；
2）单根主缆拉力 F_c 为最大缆力时的情况。

12.4.4 加劲梁架设期间主索鞍的顶推力应满足下列要求：

1 主索鞍顶推力 F_{sp} 可按式（12.4.4）计算：

$$F_{sp} = (F_{cm}\sin\theta_{tm} + F_{cs}\sin\theta_{ts} + G_s)\mu \qquad (12.4.4)$$

式中：F_{cm}——按永久作用标准值计算的中跨缆力（N）；
　　　θ_{tm}——永久作用下的中跨缆力对应的主缆中跨切线角（图12.2.1-2）；
　　　F_{cs}——按永久作用标准值计算的边跨缆力（N）；
　　　θ_{ts}——永久作用下的边跨缆力对应的主缆边跨切线角（图12.2.1-2）；
　　　G_s——主索鞍重力（N）；
　　　μ——主索鞍位移滑动摩擦副的摩擦系数，对于常用的不锈钢—聚四氟乙烯、不锈钢—不锈钢等类型的滑动摩擦副材料，可采用表12.4.4所列的摩擦系数。

表12.4.4 常用的滑动副材料摩擦系数

润滑条件	摩 擦 系 数	
	不锈钢—聚四氟乙烯	不锈钢—不锈钢
无润滑	0.10	0.15
一般润滑	0.05	0.12
良好润滑	0.04	0.10

2 顶推力作用下强度验算应包括：滑动面的抗压强度、与滑动面相联的结构及零件的抗剪强度、鞍体上承受顶推力处的局部抗压、抗弯及抗剪强度、顶推量控制装置的强度。

条文说明

主索鞍位移滑动副近年来通常采用不锈钢—聚四氟乙烯、不锈钢—不锈钢等类型的滑动副材料。参照相关标准，以及实桥顶推力的控制复算，提出了表12.4.4所列的摩擦系数进行顶推计算。

12.4.5 散索鞍摆轴、滚轴承压验算应满足下列要求：

1 摆轴的接触应力 σ_j 应满足式（12.4.5-1）的要求：

$$\gamma_0 \sigma_j = 0.418 \gamma_0 \sqrt{\frac{RE}{l_e r_{sb}}} \leqslant \sigma_{jd} \quad (12.4.5\text{-}1)$$

式中：r_{sb}——摆轴断面圆弧半径（mm）（图12.2.3-1）；

l_e——摆轴上、下承面的有效接触长度（mm）；

E——材料弹性模量；

R——摆轴上的总荷载，可按式（12.4.5-2）计算；

$$R = 2F_c \sin\left(\frac{\theta_{sa} - \theta_{ss}}{2}\right) + G_s \cos\left(\frac{\theta_{sa} + \theta_{ss}}{2}\right) \quad (12.4.5\text{-}2)$$

G_s——散索鞍重力设计值（N）；

F_c——单根主缆拉力设计值（N），取锚跨缆力和边跨缆力中的较大值；

θ_{sa}——计算缆力对应的主缆锚跨切线角（图12.2.3-1）；

θ_{ss}——计算缆力对应的主缆边跨切线角（图12.2.3-1）；

σ_{jd}——材料接触强度设计值（MPa），根据所选用材料硬度按表12.4.5取用。

表12.4.5 材料接触强度设计值

材料硬度		σ_{jd} (MPa)	材料硬度		σ_{jd} (MPa)
HB	HRC		HB	HRC	
150	—	471	325	34.5	930
175	—	537	350	37.5	997
200	—	602	375	40.0	1 062
225	—	668	400	42.0	1 127
250	—	734	450	47.0	1 255
275	—	800	500	51.0	1 390
300	31.5	865	600	56.0	1 654

注：1. HB、HRC为接触表面材料的布氏、洛氏硬度，按较低者取值。

2. 表中数值为接触表面加工粗糙度 $Ra = 3.2\mu m$ 时的值。当 $Ra > 3.2\mu m$ 时，应降低10%取值；当 $Ra < 3.2\mu m$ 时，可提高5%取值。

3. 表中数值为一般润滑条件下的值，无润滑时应降低5%取值。

4. 当材料硬度值介于表中数值之间时，可以直线插入法取值。

2 滚轴的接触应力 σ_j 应满足式（12.4.5-3）的要求：

$$\gamma_0 \sigma_j = 0.591 \gamma_0 \sqrt{\frac{RE}{l_e d_{sr}}} \leqslant \sigma_{jd} \tag{12.4.5-3}$$

式中：d_{sr}——滚轴直径（mm）；

R——单根滚轴上的荷载设计值，可按式（12.4.5-4）计算；

$$R = \frac{3}{2n_{sr}} \left[2F_c \sin\left(\frac{\theta_{sa} - \theta_{ss}}{2}\right) + G_s \cos\left(\frac{\theta_{sa} + \theta_{ss}}{2}\right) \right] \tag{12.4.5-4}$$

n_{sr}——滚轴根数。

条文说明

按弹性力学的理论，材料接触强度的高低与其抗拉、抗压强度无关，而只与其硬度、表面粗糙度及润滑条件有关。在参考了大量的试验结果及有关手册的规定后，选编出材料的材料接触强度设计值，见表12.4.5。

12.4.6 摆轴式散索鞍稳定验算时，在永久作用的条件下，主缆各个索股对散索鞍的总压力线和鞍体自身重力的合力线宜通过摆轴接触点。

13 加劲梁

13.1 一般规定

13.1.1 加劲梁可采用钢箱梁、钢桁梁、钢板梁、钢—混凝土组合梁、预应力混凝土梁等。加劲梁形式的选择应考虑结构强度、刚度、疲劳、抗风稳定性、施工架设等因素。

条文说明

由于钢结构强度高、结构轻巧、施工安装便捷、质量易保证，故大跨径悬索桥大多采用钢加劲梁。

钢桁梁具有较高的截面抗扭刚度和透空的迎风截面，因而提供了良好的抗风稳定性，并可充分地利用截面空间提供双层桥面以实现公铁两用或多车道布置。另外，钢桁梁可根据不同的地形、地貌条件灵活选择多种安装架设方法。

流线型钢箱梁具有良好的空气导流特性和较高的抗扭刚度，因而流线型钢箱加劲梁具有较小的空气阻力系数和良好的抗风稳定性。同时，正交异性钢桥面板既是钢箱梁的组成部分又是行车道板，有效地节省了用钢量，与钢桁梁相比可降低用钢量达20%左右。

由于使用需要，同时具有钢桁梁和钢箱梁特点的悬索桥加劲梁形式亦得到了应用，如香港的青马大桥和韩国的Yong-Jong大桥。前者采用桁架形式，通过外层钢板使整个截面变成流线型箱梁，上层为汽车通道，桁架下层为轻轨车道以及在桥面风速超限而上层封闭交通时通行的汽车通道。后者采用上层由桥面、横向联结系组成的箱梁及下层为桁架的组合形式，箱梁作为公路交通的桥面板，桁架则为轻轨提供支承。

钢板梁为开口截面，截面抗扭刚度小、空气阻力系数大，可用于中、小跨径悬索桥。鉴于Tacoma大桥风致灾害的先例，因此需要科学谨慎、综合考虑多方面因素来选择钢板梁。

悬索桥为柔性结构，在活载、温度、风荷载等作用下结构变形大。钢—混凝土组合梁、预应力混凝土梁容易开裂，一般用于中、小跨径悬索桥。

13.1.2 加劲梁节段的划分应考虑便于制造、运输和架设。

13.1.3 加劲梁节段应在架设前预拼，预拼线形应采用合龙线形，预拼时的节段不应少于 3 段。

条文说明

悬索桥钢加劲梁预拼装的目的在于安装工地连接件，确保吊装时梁段间距，使成桥后加劲梁线形符合设计要求。

13.1.4 加劲梁架设可选用跨缆吊机架设法、缆索吊机架设法、桥面吊机悬臂拼装架设法和利用轨索运梁法等，加劲梁架设方法应根据桥位建设条件、施工安全、结构受力、质量、工期、环保和经济性等因素确定。

条文说明

国内外大跨径钢箱梁悬索桥加劲梁的架设一般采用跨缆吊机进行施工架设，如广东虎门大桥、厦门海沧大桥、江阴长江大桥、润扬长江大桥、舟山连岛工程西堠门大桥、丹麦大贝尔特桥等。采用跨缆吊机架设法进行加劲梁的施工架设时，加劲梁的架设方向一般为从跨中向两侧索塔对称吊装。跨缆吊机的起吊能力大，可进行加劲梁的整体节段吊装，施工速度快。但是，跨缆吊机目前难以负重行走，加劲梁节段通常为垂直吊装，因此要求桥位具备一定的水上运输条件，如跨越大江、大河或海峡等。

近年来，我国修建的几座钢桁加劲梁悬索桥采用了缆索吊机架设法进行加劲梁的施工架设，如西藏角笼坝大桥、重庆万州长江二桥、贵州北盘江大桥和沪蓉西四渡河大桥等。采用缆索吊机架设法进行加劲梁的施工架设时，加劲梁的架设方向一般为从跨中向两侧索塔对称吊装。缆索吊机架设法的优点是对环境的适用性较强，缆索吊机的起吊能力较大，可进行加劲梁梁段的整体吊装，施工速度快。但是，随着桥梁跨径的增大，缆索吊机的起吊重量将会受到一定的限制，施工安全风险增大，经济性降低。

桥面吊机悬臂拼装架设法也是大跨径钢桁加劲梁悬索桥常用的施工方法，如日本的关门大桥、因岛大桥、大鸣门桥、濑户大桥、明石海峡大桥和我国贵州坝陵河大桥等。桥面吊机悬臂拼装架设法的优点是加劲梁的架设方向为从两侧索塔向主跨跨中方向对称施工，这种架设方法对机械化程度要求较高，但是对桥位地形环境的适用性强，而且施工设备较少，施工场地紧凑，工作效率较高。

对于大跨径悬索桥，顶推架设法的实际工程应用较少。我国湖南矮寨大桥钢桁梁架设选用了利用轨索运梁法。

13.1.5 加劲梁设计应考虑横向预拱度。

13.1.6 加劲梁设计应设置便捷的检修通道、检修门等设施以保证检修和维护工作实施。

13.1.7 加劲梁设计应符合现行《公路钢结构桥梁设计规范》（JTG D64）和《公路钢筋混凝土及预应力混凝土桥涵设计规范》（JTG D62）的有关规定。

13.2 结构形式

13.2.1 钢箱梁可采用整体式钢箱梁或分体式钢箱梁，如图 13.2.1 所示。分体式钢箱梁的箱梁之间应设置横向连接梁，横向连接梁可采用箱梁、工字梁等形式。

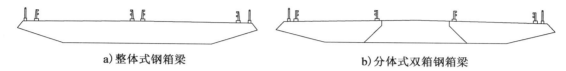

图 13.2.1 钢箱加劲梁的形式

13.2.2 钢箱梁桥面板宜采用正交异性钢桥面板结构形式，纵向加劲肋宜采用 U 形闭口加劲肋。

13.2.3 钢箱梁应设置横隔板，横隔板可采用板式或桁架式。吊点及支座处应采用板式横隔板。

13.2.4 钢桁梁可由主桁架，横向桁架，上、下平联和桥面板组成。主桁架宜采用华伦式结构。带吊索的横向桁架可采用单层桁架或双层桁架结构形式，如图 13.2.4 所示。

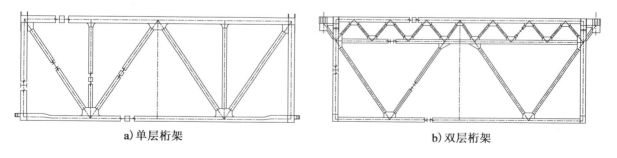

图 13.2.4 钢桁梁横向桁架的形式

13.2.5 钢桁梁桥面结构可采用正交异性钢桥面板或混凝土桥面板。正交异性钢桥面板与钢桁架的结合形式，可采用分离式和整体式（图 13.2.5）。混凝土桥面板与钢桁架的结合形式宜采用分离式。

13.2.6 钢桁梁的主桁架高度应根据受力要求确定，并应满足空气动力稳定性要求，腹杆与弦杆的夹角 θ（图 13.2.6）宜为 39°~51°。主桁架的节间长度应根据吊索间距确定，并应满足杆件压屈稳定要求。

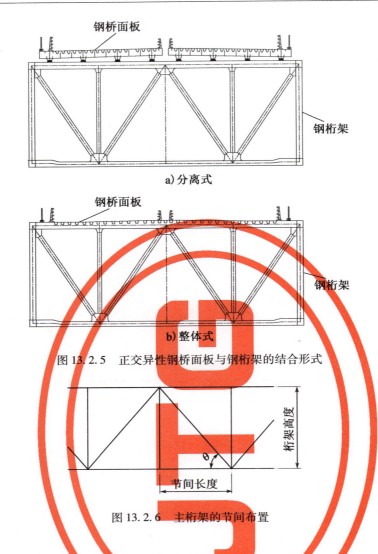

图 13.2.5 正交异性钢桥面板与钢桁架的结合形式

图 13.2.6 主桁架的节间布置

13.2.7 钢桁梁的杆件宜采用 H 形或箱形断面。

13.2.8 钢桁梁节点宜采用整体节点板的形式。

条文说明

主桁架的上、下弦杆一般通过整体节点板与竖腹杆、斜腹杆连接，通过焊接节点板与横向桁架的横梁、平联连接；横向桁架的上、下横梁通过设置竖向焊接节点板与竖腹杆、斜腹杆连接，通过设置水平整体节点板与上、下平联连接。在节点板处，各构件之间一般采用高强度螺栓连接。传统的斜腹杆与整体节点之间采用插入方式连接，这样造成节点板尺寸偏大，并且不利于现场施工。贵州坝陵河大桥在钢桁梁节点中采用了紧凑型整体节点结构（图 13-1），斜腹杆与整体节点的连接方式由传统的插入式改为对接式，高强度螺栓由单剪改为双剪。工程实践及模型试验表明，紧凑型整体节点板尺寸小，杆件连接方便，疲劳性能好，目前已在国内多座钢桁梁悬索桥中推广应用。

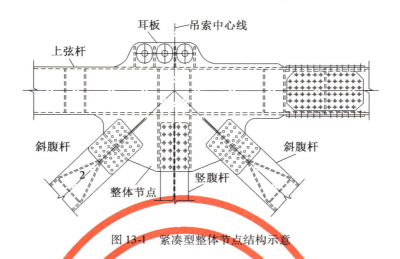

图 13-1 紧凑型整体节点结构示意

13.2.9 钢板梁可采用纵横梁的结构形式，当纵横向跨度较大时可加设次横梁和（或）次纵梁。

13.2.10 钢板梁的桥面板可采用正交异性钢桥面板结构形式，也可采用混凝土桥面板结构形式。

13.2.11 钢板梁的高度应根据受力要求确定，尽量减小风荷载，且应满足抗风稳定性要求。

13.2.12 钢—混凝土组合梁可采用钢纵梁、钢横梁与混凝土桥面板组合的结构形式，钢纵梁的截面形式可为"工"字形、"口"字形，钢横梁的截面形式可为"工"字形，钢结构纵梁、横梁与混凝土桥面板之间可通过抗剪连接件连接。

13.2.13 预应力混凝土梁可采用箱梁或板梁的结构形式。

13.3 构造要求

13.3.1 钢加劲梁行车道处正交异性钢桥面板的顶板厚度不宜小于14mm，可根据车道荷载选择不同板厚。顶板U形闭口加劲肋的厚度不宜小于6mm，其净距与顶板厚度之比不宜大于25。

13.3.2 非行车道处的正交异性钢板的顶板厚度不宜小于10mm，U形闭口加劲肋的厚度不宜小于6mm，开口加劲肋的厚度不应小于10mm，加劲肋净距与面板厚度之比不宜大于40。

条文说明

13.3.1~13.3.2 正交异性板桥面的面板厚度 t 的规定主要根据《Euro Code3：Design of Steel Structures》附录 C 关于公路桥避免钢桥面板开裂和沥青层开裂的有关规定：

（1）行车道：

当沥青混凝土铺装层厚度≥70mm 时，$t \geq 14$mm；

当沥青混凝土铺装层厚度≥40mm 时，$t \geq 16$mm；

纵肋腹板间距 e 与面板厚度 t 比值：$e/t \leq 25$，建议 $e \leq 300$mm（平面曲线桥，e 可增加 5%）。

（2）人行道和维修车道：

$t \geq 10$mm，$e/t \leq 40$，$e \leq 600$mm。

13.3.3 U 形闭口加劲肋可采用热轧或冷加工成形，弯折半径与厚度之比不应小于 5。

13.3.4 横隔板间距不宜大于 4.0m，并应为吊索间距的等分数。

13.3.5 除支承横隔板外，横隔板应开槽口使纵向加劲肋连续通过。

13.3.6 横隔板的厚度不应小于 8mm，钢箱梁吊索处的横隔板板厚不应小于 10mm。

13.3.7 设计时应在纵向加劲肋与顶板的焊接接头（A）、纵向加劲肋及横隔板和顶板的焊接接头（B）、纵向加劲肋与横隔板的交叉部位（C）、纵向加劲肋的对接接头（D）（图 13.3.7）采用疲劳强度等级较高的构造细节。

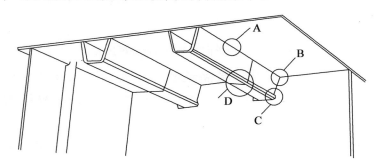

图 13.3.7 正交异性钢桥面板易产生裂缝的位置示意

A-纵向加劲肋与顶板的焊接接头；B-纵向加劲肋及横隔板和顶板的焊接接头；C-纵向加劲肋与横隔板的交叉部位；D-纵向加劲肋的对接接头

条文说明

正交异性钢桥面板的疲劳问题比较突出，主要原因是：①钢桥面板直接承受车辆轮荷载的反复作用；②各部位应力影响线长度短，一辆车经过会产生多个应力循环；③钢桥面板构造及应力状况复杂；④焊缝多，应力集中严重，且焊接质量不易保证；⑤关于钢桥面板构造细节的疲劳试验数据相对较少。英国、荷兰、日本、巴西、美国等多个国家均出现了钢桥面板疲劳开裂的事例。我国自20世纪90年代开始使用钢桥面板，虽然使用时间不长，但也已经在一些桥中发现了钢桥面板的疲劳开裂。钢桥面板的疲劳问题已成为影响钢桥安全及耐久运营的突出问题之一。正交异性钢桥面板应采用疲劳性能好的连接构造细节。

（1）闭口纵向加劲肋与顶板的焊接接头采用部分熔透焊缝，名义熔透深度为80%的加劲肋板厚，最小熔透深度为50%的加劲肋板厚，并不能焊透，同时焊喉尺寸大于加劲肋板厚。在采用的具体焊接工艺上，目前主要有两种：一种是欧洲和美国多采用的自动埋弧焊工艺，生产效率高、焊接质量好、劳动条件佳。由于该工艺焊接时热输入大，因此一次焊透深度较大，闭口纵向加劲肋壁板边缘常不切坡口，节省了板边缘机加工费用，但焊接变形也较大，增加了后续热校形或设预变形的费用。另一种是日本和我国多采用的半自动CO_2气体保护焊工艺。该工艺在保持操作方便、焊接质量好的同时，减小了热输入，能更好地控制焊接变形，但闭口纵向加劲肋壁板边缘需切坡口，以保证焊透深度，如图13-2所示。

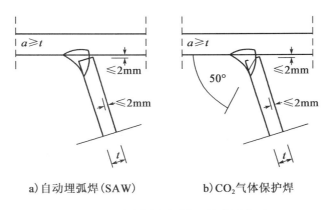

a）自动埋弧焊（SAW）　　b）CO_2气体保护焊

图13-2　闭口纵向加劲肋与顶板焊接构造

（2）在顶板、闭口纵向加劲肋和横隔板的相交处，将此处的横隔板局部先加工成10mm×10mm的倒角，待各板件就位后，将横隔板与顶板和闭口纵向加劲肋的焊接采取连续焊过倒角的方式，将此处填实，角部区域不得起、熄弧。

（3）在横隔板弧形开孔顶部的闭口纵向加劲肋和横隔板连接角焊缝端部由两侧围焊，不得有缺陷，否则应打磨。为抑制闭口纵向加劲肋与横隔板连接焊缝端部的闭口纵向加劲肋壁板水平疲劳裂纹，在闭口纵向加劲肋内部宜设置内肋板，内肋板底部与横隔板弧形开孔顶部间距不小于25mm，且不处于闭口纵向加劲肋冷弯区段内。内肋板厚度与横隔板一致，两者组装错位不大于横隔板厚度的50%。闭口纵向加劲肋与横隔板之间的组装间隙不大于3mm。

13.3.8　钢加劲梁设计应满足稳定性要求，并应符合现行《公路钢结构桥梁设计规范》（JTG D64）中的有关构造规定。

13.3.9 钢加劲梁节段间应设置工地临时连接构造，临时连接构造应满足梁段架设过程中的结构受力、变形及抗风稳定性要求。

13.3.10 钢箱梁和钢板梁的工地连接形式可采用全焊连接或焊接与高强度螺栓组合连接。正交异性钢桥面板的顶板工地连接应采用焊接连接，其 U 形闭口加劲肋的工地连接宜采用高强度螺栓连接。

13.3.11 钢桁梁的杆件连接宜采用高强度螺栓连接，也可采用焊接与高强度螺栓混合连接。当采用正交异性钢桥面板时，顶板工地连接应采用焊接连接，纵梁和加劲肋宜采用高强度螺栓连接。

条文说明

13.3.10～13.3.11　正交异性钢桥面板的现场横向接头一般设在横隔板间距的1/5处（图13-3）。顶板对接焊缝采用 CO_2 气体保护焊进行打底焊、埋弧自动焊进行填充盖面焊的陶质衬垫单面焊双面成型焊接工艺。纵肋接头可采用焊接嵌补段连接与摩擦型高强螺栓连接两种方式，供顶板对接焊缝通过的过焊孔长度宜取70mm。也可采用嵌补段形式进行焊接，焊接节段采用衬垫，同时相邻加劲肋装配误差控制在1mm 内；当采用高强度螺栓连接时，如闭口加劲肋作为空气抽湿系统送风管道，要考虑气密性问题。

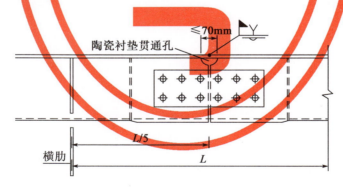

图 13-3　正交异性钢桥面板的现场横向接头

13.3.12 钢—混凝土组合梁的钢纵梁的工地连接形式可采用全焊连接、高强度螺栓连接、焊接与高强度螺栓组合连接。混凝土桥面板宜采用预制拼装，现场宜采用湿接缝与钢纵梁、钢横梁连接。

13.3.13 预应力混凝土梁宜采用预制拼装，节段之间采用干接缝或湿接缝，通过预应力进行连接。

13.3.14 钢加劲梁应考虑焊缝收缩变形的影响,考虑施焊和无损检验的操作空间,减小焊接残余应力、降低局部应力集中。对活荷载应力幅及残余应力均较大的焊接构件,应专门制定焊接工艺及检验要求。

13.3.15 加劲梁构造应考虑吊索和支座的更换。

13.4 结构计算及模型试验

13.4.1 加劲梁结构计算应考虑施工及运营状态,并应满足强度、刚度、疲劳和稳定性等相关要求。

13.4.2 加劲梁结构应进行整体计算和局部计算,应根据实际情况进行必要的组合,并应符合下列规定:
1 整体计算宜采用基于全桥体系的空间杆系方法,采用车道荷载并应考虑多个车道荷载的横向偏载作用。
2 局部计算宜采用基于部分梁段的空间杆系单元方法、板壳单元方法、实体单元方法或组合单元方法,采用车辆荷载并考虑多个车辆荷载的横向偏载作用,车辆的车轮荷载应考虑桥面铺装层的扩散效应,扩散角可取45°,冲击系数应采用0.4。

条文说明
  正交异性钢桥面板和纵肋冲击系数采用值0.4是参考了日本《本州四国联络公团设计基准》的相关规定而取用的。

13.4.3 吊索与加劲梁的连接构造和加劲梁支承结构应进行局部验算,所受作用应由整体计算得出。

13.4.4 钢箱梁结构应进行下列计算:
1 顶板、底板和腹板及其纵肋在整体计算中由加劲梁弯矩、剪力和扭矩产生的应力。
2 顶板及其纵肋与横隔板在局部计算中的应力。
3 同一横截面的顶板及其纵肋在整体计算中纵向正应力和在局部计算中纵向正应力的组合。

13.4.5 常见钢箱梁正交异性桥面板的顶板及其纵肋的局部应力可按照附录A进行计算。

13.4.6 钢桁梁结构应进行下列计算:

1 主桁架的弦杆和腹杆、主横桁架的横梁和腹杆、平联等杆件在整体计算中由加劲梁弯矩、剪力和扭矩产生的应力。
2 桥面板与纵梁、横隔梁在局部计算中的应力。
3 桥面板与钢桁架采用整体式的结合形式时，同一横截面的桥面板在整体计算中纵向正应力和在局部计算中纵向正应力的组合。

13.4.7 钢板梁结构应进行下列计算：
1 纵梁和横梁等构件在整体计算中由加劲梁弯矩、剪力和扭矩产生的应力。
2 桥面板与纵梁、横梁在局部计算中的应力。
3 桥面板与纵梁、横梁采用整体式的结合形式时，同一横截面的桥面板在整体计算中纵向正应力和在局部计算中纵向正应力的组合。

13.4.8 混凝土梁和钢混组合梁结构应进行下列计算：
1 桥面板、腹板、底板在整体计算中由加劲梁弯矩、剪力和扭矩产生的应力。
2 桥面板和横梁在局部计算中的应力。
3 同一横截面的桥面板在整体计算中纵向正应力和在局部计算中纵向正应力的组合。
4 组合梁剪力连接件应进行整体计算、局部计算和两者的必要组合。

13.4.9 钢箱梁板件应按照整体计算、局部计算及其两者的必要组合验算其稳定性。

13.4.10 钢桁梁杆件应按照整体计算验算其稳定性。

13.4.11 钢板梁构件和板件应按整体计算、局部计算及两者的必要组合验算其稳定性。

13.4.12 钢加劲梁和钢混组合梁的吊索锚固结构和支座支承结构应验算相关板件的局部稳定。

13.4.13 加劲梁的弹性整体稳定系数不应小于4；考虑初始缺陷、残余应力、非线性的稳定系数不应小于2.5。

13.4.14 正交异性桥面结构应验算下列位置的疲劳应力：
1 纵向加劲肋与顶板的连接接头，如图13.3.7中的A。
2 纵向加劲肋与横隔板和顶板的连接接头，如图13.3.7中的B。
3 纵向加劲肋腹板与横隔板的连接接头，如图13.3.7中的C。
4 纵向加劲肋工地连接接头，如图13.3.7中的D。

5 顶板工地连接接头。

13.4.15 疲劳应力可采用《公路钢结构桥梁设计规范》(JTG D64—2015) 中的疲劳荷载模型Ⅲ计算，且根据验算位置考虑纵向和横向的最不利加载位置。

13.4.16 钢桁梁中节点板结构应验算如下位置的疲劳应力（图13.4.16）：
1 主桁架节点板与主横桁架节点板的连接接头。
2 主桁架节点板与平联节点板的连接接头。
3 主桁架节点板与主桁架斜腹杆的连接接头。
4 主桁架节点板与吊索锚固结构的连接接头。
5 主横桁架节点板与主横桁架外侧斜腹板的连接接头。
6 平联节点板与平联杆件的连接接头。

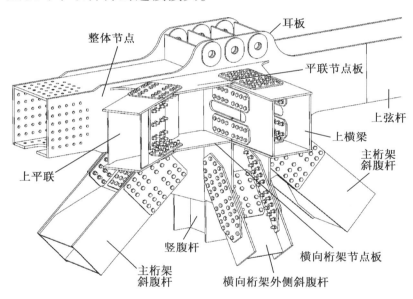

图13.4.16 钢桁梁中节点板结构位置示意图

13.4.17 加劲梁中的锚固结构应进行疲劳验算。

13.4.18 正交异性桥面板纵向加劲肋相对于相邻横隔板的竖向变形应小于横隔板间距的1/500，顶板相对于相邻纵向加劲肋腹板的挠度应小于纵向加劲肋相邻腹板间距的1/700，顶板局部横向挠曲半径应大于20m。

13.4.19 加劲梁根据实际需要可进行下列试验：
1 加劲梁吊杆锚固结构和支座支承结构的局部模型静载试验。
2 加劲梁的正交异性板桥面结构和吊索锚固结构的局部模型疲劳试验，模型宜采用足尺比例。

条文说明

正交异性钢桥面板、吊索锚固结构等疲劳敏感部位的疲劳试验宜采用足尺比例模型，重点解决模型尺寸、制造工艺、加载及边界条件等方面与实桥的相似问题，以保证由试验确定的关键细节疲劳强度等级的可靠性。

14 约束体系、伸缩装置及桥面系

14.1 一般规定

14.1.1 应根据悬索桥总体设计确定其合理的结构约束体系。

条文说明

悬索桥结构体系可分为单跨或多跨、简支或连续、漂浮或半漂浮等不同的形式和受力体系，因而其支座布置形式也不同。根据桥梁的静动力计算分析，可确定如何设置阻尼器、弹性约束等，并与支座的布置综合考虑，以达到性能最优。

14.1.2 支座的设计高程，应考虑索塔塔柱弹性压缩及混凝土收缩徐变的影响。

14.1.3 根据悬索桥结构变形的特点，设计宜提出支座、伸缩装置摩擦副的磨耗试验要求，并考虑伸缩装置中钢梁和橡胶部件的抗疲劳性能。

条文说明

悬索桥在温度、车辆冲击和制动力、混凝土收缩徐变以及风荷载等作用下会产生频繁的往复位移。据有关单位检测，江阴长江大桥一年的累计位移量约为37km，频率约为26万次。桥梁的位移运动速度快、累计位移量大，这对桥梁支座和伸缩装置等移动构件的疲劳影响非常大，需要特别重视并加强设计。

14.1.4 约束体系、伸缩装置设计应提出承载能力、变形能力等技术指标，宜提出主要材料、制造、检测试验、装配、安装与维护等技术要求。

14.2 竖向、横向约束体系

14.2.1 支座的设置应根据桥梁整体计算分析确定，并应满足竖向、横向荷载传递功能和各向位移、转角的变形要求。

14.2.2 简支加劲梁和连续加劲梁的梁端应设置纵向活动的竖向支座。连续加劲梁悬索桥，当采用全漂浮体系时，加劲梁与索塔之间不应设置竖向支座；当采用半漂浮体系时，加劲梁与索塔之间应设置纵向活动的竖向支座。悬索桥宜采用钢支座。

条文说明

　　钢支座按结构形式可分为球型支座、辊轴支座、连杆支座和摆式支座等。

14.2.3 应在加劲梁梁端、加劲梁与锚碇或索塔间设置横向抗风支座。锚碇或索塔处的横向支座可设置在加劲梁两侧或梁底中间位置。

14.2.4 支座宜设置防雨水及尘埃进入的防护罩，并应预留安装、维护的工作空间和设置安全防护栏杆等。

14.3 纵向约束体系

14.3.1 悬索桥应合理设置纵向约束体系，以减小静动力作用下的结构响应。

14.3.2 纵向约束体系可采用弹性约束和阻尼约束。弹性约束可采用纵向水平拉索、纵向弹性支座、中央扣等。阻尼约束可采用液压缓冲装置、黏滞阻尼器、金属阻尼器、橡胶阻尼器等。

条文说明

　　阻尼约束可以减缓加劲梁的瞬时变位、减少伸缩装置的磨耗。三跨悬索桥中，阻尼约束还可以改善边跨短吊索的反复弯折，一定程度上可以改善悬索桥体系的总体刚度，从而全面改善结构的抗风、抗震性能。多座悬索桥实际工程应用表明，设置阻尼约束后，可有效降低梁段伸缩量。

14.3.3 阻尼器可设置在加劲梁梁端或加劲梁与索塔之间。

14.3.4 可设置加劲梁纵向限位挡块减小梁端纵向水平位移。纵向限位挡块和纵向约束体系可联合使用。

14.4 伸缩装置

14.4.1 加劲梁梁端应设置伸缩装置，其技术规格应根据桥梁整体计算分析综合确定，并应满足加劲梁各向位移和转角的要求。

14.4.2 伸缩装置设计时，除应考虑温度变化、混凝土收缩徐变引起的水平位移及竖向荷载产生的变形外，尚应考虑汽车制动力、风荷载、地震作用等，具体应根据结构受力分析确定。

条文说明

通常计算桥梁伸缩量时，主要考虑长期或经常作用在桥上的作用引起的水平位移和转动变形，如温度变化、混凝土收缩徐变以及汽车的制动力等。悬索桥因为跨径大，刚度相对较小，变形受风荷载与地震作用的影响也较大，在实际设计时，也要考虑这些作用的影响，可根据各种作用出现的概率进行组合，选择合适的安装温度，计算伸缩量。

14.4.3 伸缩装置应考虑防水、排水辅助设施设计。

14.5 桥面防撞护栏

14.5.1 悬索桥桥面防撞护栏设计除应符合本节规定外，尚应符合现行《高速公路交通工程及沿线设施设计通用规范》（JTG D80）、《公路交通安全设施设计规范》（JTG D81）的有关规定。

14.5.2 桥面防撞护栏宜采用金属梁柱式护栏，应验算其与桥面板的连接强度。

14.6 桥面铺装与桥面排水

14.6.1 钢桥面铺装设计应考虑桥梁结构特点、交通荷载状况、当地环境气候、材料情况、施工条件，并结合同地区及国内钢桥面铺装工程经验，进行桥面铺装专项设计。

14.6.2 混凝土桥面板桥面铺装宜采用沥青混凝土桥面铺装或水泥混凝土桥面铺装。

14.6.3 桥面应设置足够的横向、纵向坡度和完善的排水设施。对桥面伸缩装置、排水孔及其与路缘石或其他构造接缝处等特殊部位，应进行专门的防、排水设计。

15 附属设施

15.1 一般规定

15.1.1 悬索桥应进行索塔、锚碇、缆索系统和加劲梁的附属设施的设计。

15.1.2 主体结构设计时应考虑附属设施的设置。

15.1.3 全桥应设置避雷系统。

15.1.4 应按照相关要求设置航空障碍标志及导航信号设施。

15.1.5 应按照相关要求设置桥涵标、助航设施等。

15.2 索塔附属设施

15.2.1 索塔塔柱及横梁内应根据需要设置爬梯、楼梯、升降机或电梯，并应配备照明系统。

15.2.2 应根据桥梁通航安全的要求设置通航桥柱灯，并设置检修通道。

15.2.3 索塔塔柱及横梁内、外部应设置防、排水系统。

15.2.4 塔柱在桥面高度宜设置检修平台。塔内通道及塔冠横梁顶面应设安全栏杆。

15.2.5 索塔顶部应根据需要预留运营期索塔外部检查、维护所需的预埋件及相关设施。

15.2.6 索塔下塔柱（塔墩）及基础应根据需要设置防船舶撞击设施。

15.3 锚碇附属设施

15.3.1 应根据需要设置检修通道、检修门、检修楼梯、平台及栏杆等。

15.3.2 锚碇前、后锚室以及各通道应设置照明系统。

15.3.3 锚室内应根据需要设置除湿系统。

15.3.4 锚碇四周地表应设置防、排水系统。

15.4 缆索系统附属设施

15.4.1 主缆顶面宜设置检修道。

15.4.2 主缆出入塔顶鞍罩及锚碇锚室处应设置缆套及密封装置。

15.4.3 缆索系统可根据需要设置景观照明系统。

15.4.4 主缆出入塔顶鞍罩及锚碇锚室应设置检修道楼梯、栏杆立柱及扶手绳。

15.5 加劲梁附属设施

15.5.1 加劲梁应设置外部检查车，钢箱加劲梁宜设置内部检查车。

15.5.2 加劲梁应根据需要并结合桥面照明，综合考虑通信电缆、检修通道、消防、监控（测）、景观照明等设施的布设。

15.5.3 钢箱加劲梁内部宜设置除湿系统。

16 结构耐久性设计

16.1 一般规定

16.1.1 应根据设计使用年限的要求进行专门的耐久性设计。

16.1.2 不可更换的构件的设计使用年限不应低于结构整体设计使用年限。

条文说明

悬索桥的索塔、锚碇、主缆、索鞍、加劲梁的主体构造以及结构的基础部分属于不可更换构件。

16.1.3 可更换构件的设计使用年限可视具体情况小于结构整体设计使用年限,应明确其预定的更换次数,其设计使用年限应符合表16.1.3的规定。

表16.1.3 主要可更换构件的设计使用年限

构 件	设计使用年限（年）	构 件	设计使用年限（年）
索夹	50	钢支座	15
吊索	20	伸缩装置	15
防撞护栏（主体）	50	阻尼装置	35
桥面铺装	15		

16.1.4 应进行大气环境、地上（下）水中腐蚀成分含量的测试与调查,划分结构所处的环境类别。

16.1.5 处于不同环境的各个构件可采用不同的耐久性措施。

16.1.6 索塔、锚碇和加劲梁等混凝土构件的耐久性设计应符合相关标准的规定。

16.2 钢结构耐久性设计

16.2.1 应统筹考虑建设期和运营期,并结合施工方案、养护方案确定钢结构耐久性设计方案。

16.2.2 对无法进行检查和维护的钢结构,应考虑防腐富余度,或采用可靠的长效防护措施,或进行有效的密封防止腐蚀。

条文说明

对无法进行检查和维护的结构需参考有关环境的年腐蚀量,按照设计使用年限,计算出增加的额外厚度作为防腐富余度。

16.2.3 钢结构防腐应根据设计使用年限、环境条件等采用耐候钢、金属涂层(热浸或热喷涂锌、铝、锌铝合金等)、漆涂层、阴极保护或其组合。浪溅区、水位变动区部位宜采用重防腐涂层、金属热喷涂层加封闭涂层保护等措施。也可采用包覆有机复合层、树脂砂浆、复合耐蚀金属层等。

16.2.4 对封闭空间的钢结构,可采用除湿系统,封闭空间内的相对湿度宜小于50%。

16.2.5 钢加劲梁结构应满足钢结构防护要求。无法进入内部进行防护作业的闭口截面构件应采取可靠措施进行封闭。钢箱梁箱内底部宜设置施工泄水孔,成桥后封闭。

16.3 缆索结构耐久性设计

16.3.1 主缆可通过紧缆、缠丝、表面涂装、封闭包裹等工艺隔离空气进行防腐(图16.3.1),也可通过向主缆内导入干空气进行除湿防腐。

16.3.2 主缆缠丝的缠绕力应具有满足主缆直径变化所需的张力。缠丝材料宜选择镀锌低碳钢丝或中碳钢丝。根据主缆防腐设计的需要,可采用异形缠绕钢丝。

16.3.3 吊索系统应采用以下耐久性措施:
1 钢丝绳吊索与骑跨式索夹一起采用时,在运营期间应定期涂刷油漆。
2 平行钢丝吊索的每根钢丝外表面应进行热熔镀锌,镀锌层应大于或等于300g/m²,整根吊索外应包裹PE层防护。
3 在吊索所有接口处应设置密封橡胶圈及密封压环等密封措施。

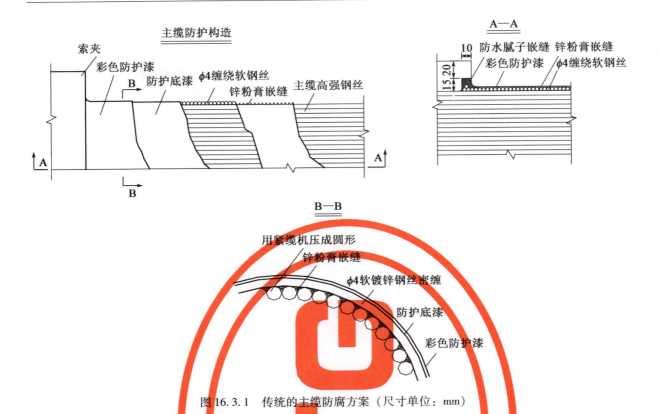

图 16.3.1 传统的主缆防腐方案（尺寸单位：mm）

16.4 主缆锚固系统耐久性设计

16.4.1 锚固系统位于（地下）水位以下时，锚室或围岩应进行防水设计。

条文说明

从目前的调研情况看，锚碇或隧道锚突出的耐久性问题是防水问题，引起病害的主要原因是结构的防水缺陷。

16.4.2 锚固系统的钢构件耐久性设计应符合本规范第16.2节的规定。

16.4.3 锚室内采用除湿系统时，锚固系统钢构件应满足施工期的防腐要求。无除湿系统时，锚固系统的钢构件应采用长效型（15～25年）的涂层防护体系，在防护年限内涂层95%以上区域的锈蚀等级不应大于ISO 4628 规定的 Ri2 级。

16.4.4 采用型钢支架锚固系统时，锚块内的型钢涂装防护体系宜采用长效型（15～25年）的涂层防护体系，可按现行《公路桥梁钢结构防腐涂装技术条件》（JT/T 722）执行。

16.4.5 采用预应力锚固系统时，锚块内宜采用可更换式的预应力系统。

16.4.6 预应力筋应从结构和防护体系等方面采取措施保证其耐久性。

条文说明

可更换式预应力锚固系统，通常采用防腐钢绞线＋预应力管道内灌注防腐油脂的结构体系；不可更换式预应力锚固系统，一般采用防腐钢绞线＋预应力管道内灌注砂浆的结构体系。

16.5 索鞍耐久性设计

16.5.1 应对主索鞍、转索鞍、散索鞍、散索套以及其中主缆进行耐久性设计。

16.5.2 索鞍采用涂装方案时，应满足本规范第16.2.3条的要求。

16.5.3 索鞍采用除湿方案时，应满足下列要求：
1 应在索塔顶、转索鞍支墩顶设置鞍罩；在散索鞍（散索套）所处的位置应设置锚碇锚室，并应保证索鞍处于封闭环境中。
2 主缆、主缆检修道以及人员进入鞍罩、锚室处应设置密封构造、密封门等。
3 鞍罩内部和锚碇锚室内的相对湿度宜小于50%。
4 鞍罩及其附属的钢结构应按本规范第16.2.3条的要求进行涂装防护。

16.5.4 索鞍构件的临时防护及存放应满足下列要求：
1 成品、半成品构件应存放在清洁、干燥、无有害介质的环境中，并应防止日晒、雨淋，保持充分通风。
2 构件的存储应架离地面，不允许有水或其他污垢积存其表面。
3 堆垛构件成品、半成品件时应在其层间放置衬垫，避免表面防护涂装受损。
4 构件在搬动、运输和储存时，均不应使任何部件受到永久性损伤和散失。
5 属同一组装件的零、部件应印有识别标记和定位标记。

16.6 附属设施耐久性设计

16.6.1 防雷设施、航空警示灯、桥涵标等附属设施的耐久性设计应满足相关标准的规定，其与主体结构相连的预埋件应满足本规范第16.2节的相关要求。

16.6.2 附属设施的耐久性设计方案在满足自身耐久性的同时，不应影响主体结构的耐久性。

17 设计对施工、监控和运营监测的要求

17.1 一般规定

17.1.1 必要时应根据桥梁规模、技术创新程度等对施工、施工监控和运营阶段长期监测等方面提出设计的要求。

17.1.2 设计中应明确加劲梁工厂预拼线形对应的状态。

条文说明

一般钢箱加劲梁的刚性连接是在全部梁段通过临时铰连接悬吊在主缆上时，钢桁架加劲梁的刚性连接状态则是所有一、二期恒载都作用在临时铰结的结构上后，工厂预拼状态一般采用上述的无强制刚结（焊接或栓接）时状态，设计图中明确给出这一状态有利于施工控制确定基准状态。

17.1.3 设计宜列出设计基准条件下吊索的成桥索力。

17.1.4 设计应对施工控制精度提出目标要求。

17.2 施工及施工监控

17.2.1 设计应考虑在索塔和锚碇基础顶面等预埋长期变形观测点，观测点应通视，稳定可靠。

条文说明

变形观测点可用于施工阶段和建成后的运营阶段对基础沉降、倾斜、滑移进行测量，不同类型基础和不同地质基础的观测点要求可不同。

17.2.2 应明确为测量主缆弹性模量、统计钢丝直径需要进行的试验索股数量，宜明确测量弹性模量和钢丝统计直径的方法要求。

条文说明

主缆弹性模量和钢丝的统计直径是悬索桥施工控制的重要参数，施工控制时需要采用制造厂家给出的实际值。实际值的获取及其可靠性与试验方法和测量方法有关，设计图上明确后设计、施工及施工控制的标准就可统一。

17.2.3 应对加劲梁的实际重量提出称重的具体要求；应对铺装层及混凝土桥面板重量的误差提出具体要求。

条文说明

加劲梁、桥面板及铺装层重量不只影响悬索桥的线形，对索塔的受力也会产生较大的影响，特别是多塔多跨悬索桥。只有采用可靠的实测重量值并在施工整个过程中进行严格控制，才能实现设计的精度要求。

17.2.4 宜对施工监控测试与测量的内容提出要求。

17.2.5 对需要进行施工控制的桥梁，应明确监控中需要进行实际测试（测量）值的参数；对施工不敏感的参数宜给出可以采用的理论统计值范围。

条文说明

大跨度悬索桥施工监控所需参数分为几何参数、材料特性参数和环境参数。几何参数是指结构或构件的几何尺寸；材料特性参数主要指与材料力学特性有关的参数，如弹性模量、重度、线膨胀系数等；环境参数是指与施工过程有关的温度、临时荷载、临时支撑与约束等。在这些参数中，有些对于施工监控是敏感的，有些是影响很小的，可通过敏感性分析确定各参数的敏感性。

17.2.6 对混凝土索塔，宜对施工监控时预埋能测量索塔柱应变场与温度场的传感器的必要性提出要求。

条文说明

混凝土索塔受非均匀温度场的影响比较大，特别是比较高的塔。进行温度场测试可为主缆架设时的线形调整提供可靠的数据。

17.2.7 宜对交工验收前的测试测量提出具体要求。

条文说明

交工验收前进行静动载荷载试验，其测试、测量结果作为结构"零状态"参数进行永久保留。悬索桥主缆锚跨索股张力及分布、吊索力分布状态、加劲梁控制截面应力、成桥线形的测量数据等数据是后期监测的基础数据，设计时宜对这些重要数据的测试测量方法提出具体要求。

17.3 运营期结构监测与养护要求

17.3.1 应考虑运营期间的养护及监测需求，必要时为结构监测设计检修通道和合理的工作空间，宜提出养护及监测重点。设计中应设定养护工况，进行养护工况的验算。

17.3.2 应将悬索桥监控资料纳入竣工档案，便于运营期的养护、检修及监测。

17.3.3 对需要建立结构监测系统的悬索桥，应明确预埋设施的类型和位置。

附录 A 常见钢箱梁正交异性板桥面顶板及其纵肋局部应力简化计算

A.0.1 满足下列基本条件的钢箱梁正交异性板桥面顶板及其纵肋局部应力可进行简化计算：
1 钢箱梁为实腹横隔板、无中间纵腹板，双向6车道布置。
2 顶板U形纵肋为常见的顶宽300mm、底宽170mm、高280mm、间距600mm。
3 活载为车辆荷载，冲击系数取用0.4。

A.0.2 满足简化计算基本条件的钢箱梁正交异性板桥面顶板横向最大拉应力 σ_1、顶板横向最大压应力 σ_2、顶板纵向最大拉应力 σ_3、顶板纵向最大压应力 σ_4、纵肋纵向最大拉应力 σ_5 和纵肋纵向最大压应力 σ_6 等6项局部应力（含正交异性板体系应力和顶板体系应力）可按式（A.0.1-1）~式（A.0.1-6）计算：

$$\sigma_1 = 109.0 K_{D1} K_{H1} K_{L1} K_{M1} K_{R1} K_{P1} \quad (\text{MPa}) \qquad (\text{A.0.1-1})$$

$$\sigma_2 = -184.6 K_{D2} K_{H2} K_{L2} K_{M2} K_{R2} K_{P2} \quad (\text{MPa}) \qquad (\text{A.0.1-2})$$

$$\sigma_3 = 74.3 K_{D3} K_{H3} K_{L3} K_{M3} K_{R3} K_{P3} \quad (\text{MPa}) \qquad (\text{A.0.1-3})$$

$$\sigma_4 = -72.7 K_{D4} K_{H4} K_{L4} K_{M4} K_{R4} K_{P4} \quad (\text{MPa}) \qquad (\text{A.0.1-4})$$

$$\sigma_5 = 84.3 K_{D5} K_{H5} K_{L5} K_{M5} K_{R5} K_{P5} \quad (\text{MPa}) \qquad (\text{A.0.1-5})$$

$$\sigma_6 = -72.1 K_{D6} K_{H6} K_{L6} K_{M6} K_{R6} K_{P6} \quad (\text{MPa}) \qquad (\text{A.0.1-6})$$

式中：K_{Di}——顶板厚度系数，由表A.0.2-1线性内插或图A.0.2-1查得；

K_{Hi}——箱梁中心高度系数，由表A.0.2-2线性内插或图A.0.2-2查得；

K_{Li}——横隔板间距系数，由表A.0.2-3线性内插或图A.0.2-3查得；

K_{Mi}——吊索节间数系数，由表A.0.2-4线性内插或图A.0.2-4查得；

K_{Ri}——顶板纵肋厚度系数，由表A.0.2-5线性内插或图A.0.2-5查得；

K_{Pi}——铺装层厚度系数，由表A.0.2-6线性内插或图A.0.2-6查得；

i——应力种类序号，取1、2、3、4、5和6，分别对应顶板横向最大拉应力、顶板横向最大压应力、顶板纵向最大拉应力、顶板纵向最大压应力、纵肋纵向最大拉应力和纵肋纵向最大压应力。

表 A.0.2-1　顶板厚度系数 K_{Di}

应　力	i	12mm	14mm	16mm	18mm	20mm
顶板横向最大拉应力	1	1.359	1.000	0.767	0.620	0.534
顶板横向最大压应力	2	1.174	1.000	0.876	0.785	0.715
顶板纵向最大拉应力	3	1.265	1.000	0.832	0.715	0.631
顶板纵向最大压应力	4	1.282	1.000	0.821	0.698	0.609
纵肋纵向最大拉应力	5	1.018	1.000	0.981	0.963	0.941
纵肋纵向最大压应力	6	0.998	1.000	1.000	0.996	0.990

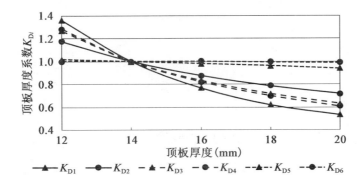

图 A.0.2-1　顶板厚度系数 K_{Di} 曲线

表 A.0.2-2　箱梁中心高度系数 K_{Hi}

应　力	i	2.5m	3.0m	3.5m	4.0m	4.5m
顶板横向最大拉应力	1	1.021	1.017	1.000	0.992	0.988
顶板横向最大压应力	2	1.170	1.068	1.000	0.984	0.981
顶板纵向最大拉应力	3	1.008	1.003	1.000	1.001	1.000
顶板纵向最大压应力	4	1.057	1.020	1.000	0.994	0.990
纵肋纵向最大拉应力	5	1.052	1.021	1.000	0.991	0.982
纵肋纵向最大压应力	6	1.005	1.006	1.000	0.995	0.993

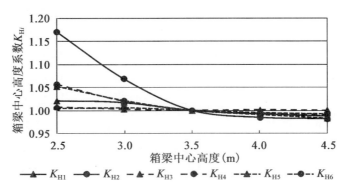

图 A.0.2-2　箱梁中心高度系数 K_{Hi} 曲线

表 A.0.2-3　横隔板间距系数 K_{Li}

应　力	i	2.5m	3.0m	3.5m	4.0m
顶板横向最大拉应力	1	0.974	1.000	1.026	1.053
顶板横向最大压应力	2	0.949	1.000	1.046	1.088
顶板纵向最大拉应力	3	0.934	1.000	1.059	1.105
顶板纵向最大压应力	4	0.997	1.000	1.004	1.011
纵肋纵向最大拉应力	5	0.842	1.000	1.147	1.270
纵肋纵向最大压应力	6	0.839	1.000	1.126	1.207

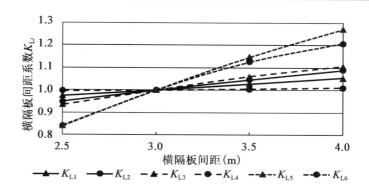

图 A.0.2-3　横隔板间距系数 K_{Li} 曲线

表 A.0.2-4　吊索节间数系数 K_{Mi}

应　力	i	3 节间	4 节间	5 节间
顶板横向最大拉应力	1	0.969	0.983	1.000
顶板横向最大压应力	2	0.957	0.979	1.000
顶板纵向最大拉应力	3	0.956	0.975	1.000
顶板纵向最大压应力	4	0.986	0.992	1.000
纵肋纵向最大拉应力	5	0.977	0.980	1.000
纵肋纵向最大压应力	6	0.912	0.957	1.000

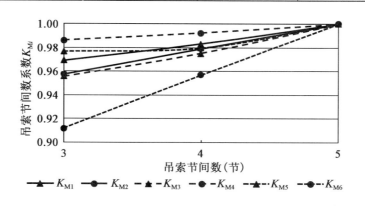

图 A.0.2-4　吊索节间数系数 K_{Mi} 曲线

表 A.0.2-5 顶板纵肋厚度系数 K_{Ri}

应　力	i	6mm	8mm	10mm
顶板横向最大拉应力	1	1.008	1.000	0.985
顶板横向最大压应力	2	1.086	1.000	0.908
顶板纵向最大拉应力	3	1.043	1.000	0.970
顶板纵向最大压应力	4	1.012	1.000	0.992
纵肋纵向最大拉应力	5	1.308	1.000	0.818
纵肋纵向最大压应力	6	1.312	1.000	0.803

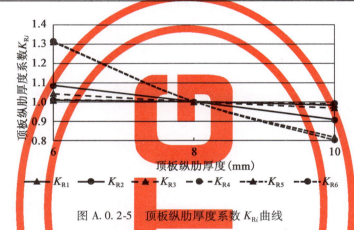

图 A.0.2-5 顶板纵肋厚度系数 K_{Ri} 曲线

表 A.0.2-6 铺装层厚度系数 K_{Pi}

应　力	i	0mm（裸板）	25mm	50mm	75mm
顶板横向最大拉应力	1	1.788	1.479	1.217	1.000
顶板横向最大压应力	2	1.331	1.202	1.092	1.000
顶板纵向最大拉应力	3	1.106	1.114	1.069	1.000
顶板纵向最大压应力	4	1.099	1.109	1.068	1.000
纵肋纵向最大拉应力	5	1.153	1.100	1.049	1.000
纵肋纵向最大压应力	6	1.213	1.137	1.067	1.000

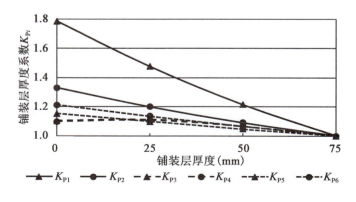

图 A.0.2-6 铺装层厚度系数 K_{Pi} 曲线

本规范用词用语说明

1 本规范执行严格程度的用词，采用下列写法：
1）表示很严格，非这样做不可的用词，正面词采用"必须"，反面词采用"严禁"；
2）表示严格，在正常情况下均应这样做的用词，正面词采用"应"，反面词采用"不应"或"不得"；
3）表示允许稍有选择，在条件许可时首先应这样做的用词，正面词采用"宜"，反面词采用"不宜"；
4）表示有选择，在一定条件下可以这样做的用词，采用"可"。

2 引用标准的用语采用下列写法：
1）在标准总则中表述与相关标准的关系时，采用"除应符合本规范的规定外，尚应符合国家和行业现行有关标准的规定"；
2）在标准条文及其他规定中，当引用的标准为国家标准和行业标准时，表述为"应符合《××××××》（×××）的有关规定"；
3）当引用本标准中的其他规定时，表述为"应符合本规范第×章的有关规定"、"应符合本规范第×.×节的有关规定"、"应符合本规范第×.×.×条的有关规定"或"应按本规范第×.×.×条的有关规定执行"。

公路工程现行标准、规范、规程、指南一览表

(2016年1月版)

序号	类别	编　　号	书名(书号)	定价(元)
1	基础	JTG A02—2013	公路工程行业标准制修订管理导则(10544)	15.00
2		JTG A04—2013	公路工程标准编写导则(10538)	20.00
3		JTJ 002—87	公路工程名词术语(0346)	22.00
4		JTJ 003—86	公路自然区划标准(0348)	16.00
5		JTG B01—2014	★公路工程技术标准(活页夹版,11814)	98.00
6		JTG B01—2014	★公路工程技术标准(平装版,11829)	68.00
7		JTG B02—2013	公路工程抗震规范(11120)	45.00
8		JTG/T B02-01—2008	公路桥梁抗震设计细则(1228)	35.00
9		JTG B03—2006	公路建设项目环境影响评价规范(0927)	26.00
10		JTG B04—2010	公路环境保护设计规范(08473)	28.00
11		JTG/T B05—2004	公路项目安全性评价指南(0784)	18.00
12		JTG B05-01—2013	公路护栏安全性能评价标准(10992)	30.00
13		JTG B06—2007	公路工程基本建设项目概算预算编制办法(06903)	26.00
14		JTG/T B06-01—2007	★公路工程概算定额(06901)	110.00
15		JTG/T B06-02—2007	★公路工程预算定额(06902)	138.00
16		JTG/T B06-03—2007	★公路工程机械台班费用定额(06900)	24.00
17		交通部定额站2009版	公路工程施工定额(07864)	78.00
18		JTG/T B07-01—2006	公路工程混凝土结构防腐蚀技术规范(0973)	16.00
19		交通部2007年第30号	国家高速公路网相关标志更换工作实施技术指南(1124)	58.00
20		交通部2007年第35号	收费公路联网收费技术要求(1126)	62.00
21		交通运输部2015年第40号	★收费公路联网收费多义性路径识别技术要求(12484)	40.00
22		JTG B10-01—2014	公路电子不停车收费联网运营和服务规范(11566)	30.00
23		交通运输部2011年	公路工程项目建设用地指标(09402)	36.00
24	勘测	JTG C10—2007	★公路勘测规范(06570)	28.00
25		JTG/T C10—2007	★公路勘测细则(06572)	42.00
26		JTG C20—2011	公路工程地质勘察规范(09507)	65.00
27		JTG/T C21-01—2005	公路工程地质遥感勘察规范(0839)	17.00
28		JTG/T C21-02—2014	公路工程卫星图像测绘技术规程(11540)	25.00
29		JTG/T C22—2009	公路工程物探规程(1311)	28.00
30		JTG C30—2015	★公路工程水文勘测设计规范(12063)	70.00
31	设计	公路	JTG D20—2006	★公路路线设计规范(0996)	38.00
32			JTG/T D21—2014	公路立体交叉设计细则(11761)	60.00
33			JTG D30—2015	★公路路基设计规范(12147)	98.00
34			JTG/T D31—2008	沙漠地区公路设计与施工指南(1206)	32.00
35			JTG/T D31-02—2013	★公路软土地基路堤设计与施工技术细则(10449)	40.00
36			JTG/T D31-03—2011	★采空区公路设计与施工技术细则(09181)	40.00
37			JTG/T D31-04—2012	多年冻土地区公路设计与施工技术细则(10260)	40.00
38			JTG/T D32—2012	★公路土工合成材料应用技术规范(09908)	42.00
39			JTG D40—2011	★公路水泥混凝土路面设计规范(09463)	40.00
40			JTG D50—2006	★公路沥青路面设计规范(06248)	36.00
41			JTG/T D33—2012	公路排水设计规范(10337)	40.00
42		桥隧	JTG D60—2015	★公路桥涵设计通用规范(12506)	40.00
43			JTG/T D60-01—2004	公路桥梁抗风设计规范(0814)	28.00
44			JTG D61—2005	公路圬工桥涵设计规范(0887)	19.00
45			JTG D62—2004	公路钢筋混凝土及预应力混凝土桥涵设计规范(05052)	48.00
46			JTG D63—2007	公路桥涵地基与基础设计规范(06892)	48.00
47			JTG D64—2015	★公路钢结构桥梁设计规范(12507)	80.00
48			JTG D64-01—2015	公路钢混组合桥梁设计与施工规范(12682)	45.00
49			JTG/T D65-01—2007	公路斜拉桥设计细则(1125)	28.00
50			JTG/T D65-04—2007	公路涵洞设计细则(06628)	26.00
51			JTG/T D65-05—2015	公路悬索桥设计规范(12674)	55.00
52			JTG/T D65-06—2015	公路钢管混凝土拱桥设计规范(12514)	40.00
53			JTG D70—2004	公路隧道设计规范(05180)	50.00
54			JTG/T D70—2010	★公路隧道设计细则(08478)	66.00
55			JTG D70/2—2014	公路隧道设计规范 第二册 交通工程与附属设施(11543)	50.00
56			JTG/T D70/2-01—2014	公路隧道照明设计细则(11541)	35.00
57			JTG/T D70/2-02—2014	公路隧道通风设计细则(11546)	70.00

续上表

序号	类别		编号	书名(书号)	定价(元)
58	交通工程	设计	JTG D80—2006	高速公路交通工程及沿线设施设计通用规范(0998)	25.00
59			JTG D81—2006	★公路交通安全设施设计规范(0977)	25.00
60			JTG/T D81—2006	★公路交通安全设施设计细则(0997)	35.00
61			JTG D82—2009	公路交通标志和标线设置规范(07947)	116.00
62		综合	交公路发〔2007〕358号	公路工程基本建设项目设计文件编制办法(06746)	26.00
63			交公路发〔2007〕358号	公路工程基本建设项目设计文件图表示例(06770)	600.00
64			交公路发〔2015〕69号	公路工程特殊结构桥梁项目设计文件编制办法(12455)	30.00
65	检测		JTG E20—2011	公路工程沥青及沥青混合料试验规程(09468)	106.00
66			JTG E30—2005	公路工程水泥及水泥混凝土试验规程(0830)	32.00
67			JTG E40—2007	★公路土工试验规程(06794)	79.00
68			JTG E41—2005	公路工程岩石试验规程(0828)	18.00
69			JTG E42—2005	公路工程集料试验规程(0829)	30.00
70			JTG E50—2006	★公路工程土工合成材料试验规程(0982)	28.00
71			JTG E51—2009	公路工程无机结合料稳定材料试验规程(08046)	48.00
72			JTG E60—2008	公路路基路面现场测试规程(07296)	38.00
73			JTG/T E61—2014	公路路面技术状况自动化检测规程(11830)	25.00
74	施工	公路	JTG F10—2006	公路路基施工技术规范(06221)	40.00
75			JTG/T F20—2015	★公路路面基层施工技术细则(12367)	45.00
76			JTG/T F30—2014	公路水泥混凝土路面施工技术细则(11244)	60.00
77			JTG/T F31—2014	公路水泥混凝土路面再生利用技术细则(11360)	30.00
78			JTG F40—2004	★公路沥青路面施工技术规范(05328)	38.00
79			JTG F41—2008	公路沥青路面再生技术规范(07105)	25.00
80		桥隧	JTG/T F50—2011	★公路桥涵施工技术规范(09224)	110.00
81			JTG/T F81-01—2004	公路工程基桩动测技术规程(0783)	20.00
82			JTG F60—2009	公路隧道施工技术规范(07992)	42.00
83			JTG/T F60—2009	公路隧道施工技术细则(07991)	58.00
84		交通	JTG F71—2006	★公路交通安全设施施工技术规范(0976)	20.00
85			JTG/T F72—2011	公路隧道交通工程与附属设施施工技术规范(09509)	35.00
86	质检安全		JTG F80/1—2004	公路工程质量检验评定标准 第一册 土建工程(05327)	46.00
87			JTG F80/2—2004	公路工程质量检验评定标准 第二册 机电工程(05325)	26.00
88			JTG G10—2006	公路工程施工监理规范(06267)	20.00
89			JTG F90—2015	★公路工程施工安全技术规范(12138)	68.00
90	养护管理		JTG H10—2009	公路养护技术规范(08071)	49.00
91			JTJ 073.1—2001	公路水泥混凝土路面养护技术规范(0520)	12.00
92			JTJ 073.2—2001	公路沥青路面养护技术规范(0551)	13.00
93			JTG H11—2004	公路桥涵养护规范(05025)	30.00
94			JTG H12—2015	公路隧道养护技术规范(12062)	60.00
95			JTG H20—2007	公路技术状况评定标准(1140)	15.00
96			JTG/T H21—2011	★公路桥梁技术状况评定标准(09324)	46.00
97			JTG H30—2015	公路养护安全作业规程(12234)	90.00
98			JTG H40—2002	公路养护工程预算编制导则(0641)	9.00
99	加固设计与施工		JTG/T J21—2011	公路桥梁承载能力检测评定规程(09480)	20.00
100			JTG/T J22—2008	公路桥梁加固设计规范(07380)	52.00
101			JTG/T J23—2008	公路桥梁加固施工技术规范(07378)	30.00
102	改扩建		JTG/T L11—2014	高速公路改扩建设计细则(11998)	45.00
103			JTG/T L80—2014	高速公路改扩建交通工程及沿线设施设计细则(11999)	30.00
104	造价		JTG M20—2011	公路工程基本建设项目投资估算编制办法(09557)	30.00
105			JTG/T M21—2011	公路工程估算指标(09531)	110.00
1	技术指南		交公便字〔2006〕02号	公路工程水泥混凝土外加剂与掺合料应用技术指南(0925)	50.00
2			交公便字〔2006〕02号	公路工程抗冻设计与施工技术指南(0926)	26.00
3			厅公路字〔2006〕418号	公路安全保障工程实施技术指南(1034)	40.00
4			交公便字〔2009〕145号	公路交通标志和标线设置手册(07990)	165.00

注:JTG——公路工程行业标准体系;JTG/T——公路工程行业推荐性标准体系;JTJ——仍在执行的公路工程原行业标准体系。

批发业务电话:010-59757973;零售业务电话:010-85285659(北京);网上书店电话:010-59757908;业务咨询电话:010-85285922。带"★"的表示有勘误,详见中国交通运输标准服务平台 www.yuetong.cn/bzfw。